Die Depositengelder

in der Bankenquete.

Von

H. Hartung.

Berlin 1910.
J. Guttentag, Verlagsbuchhandlung,
G. m. b. H.

Die Depositengelder in der Bankenquete.

In den Tagen von 23. bis 27. November 1909 hat die Bankenquetekommission über die letzte Frage des den Sachverständigen vorgelegten Fragebogens verhandelt und damit hre Arbeiten abgeschlossen. Diese letzte Frage betraf das Depositenwesen. In einem stattlichen Bande von 222 Seiten Großquart liegen die stenographischen Aufzeichnungen jetzt im Druck vor; ein zweiter, noch umfangreicherer Band mit Materialien zur Frage des Depositenwesens ist beigegeben.

Von manchen Seiten ist die Ansicht geäußert worden, daß die Frage der Regelung des Depositenwesens die wichtigste Aufgabe der Bankenquete darstelle. Es mag dies dahingestellt bleiben. Mit Recht aber wird behauptet werden dürfen, daß keine Frage des Fragebogens eine so große Anzahl von Personen interessiert, wie die auf das Depositenwesen bezügliche. Das leuchtet deshalb ohne weiteres ein, weil der Begriff der Depositengelder alle Bareinlagen der mittleren und kleinen Stände bei Genossenschaften und Sparkassen mit umfassen soll. Daneben kommen natürlich auch die eigentlichen Bankdepositen in Betracht, über deren Wesen, ihre rechtmäßige und zweckentsprechende wirtschaftliche Verwendung einerseits, über deren Sicherheit und Flüssigkeit andererseits seit langem gestritten worden ist.

Mit einiger Ungeduld war daher das Erscheinen des Verhandlungsberichts erwartet worden, zumal nach weitverbreiteter Annahme der Reichstag schon bald mit gesetzgeberischen Maßnahmen befaßt werden soll, die sich auf Anregungen der Bankenquete aufbauen. Gestützt wurde diese Annahme durch die am 14. Mai 1909 vom Reichstage gefaßte Resolution, mittels deren der Reichskanzler ersucht wurde, einen Gesetzentwurf zur

Bekämpfung der Gefahren vorzulegen, die dem Publikum aus der Anreizung zur Anlage von Depositen und Spargeldern erwachsen.

Ob sich jene Erwartung erfüllen wird, darüber lassen sich natürlich nur Mutmaßungen anstellen. Wer aber angenommen hat, aus den Beschlüssen der Entquetekommission ein Urteil über die voraussichtliche Richtung und den Inhalt gesetzgeberischer Vorschläge gewinnen zu können, der wird sich getäuscht sehen. Der Gang der Verhandlungen gibt dazu, wenigstens soweit materielle Fragen des Depositenwesens in Betracht kommen, keine Unterlage. Wenn es auch von vornherein nicht im Plane der Enquete gelegen haben dürfte, Abstimmungen herbeizuführen, und wenn aus diesem Grunde von Mehrheitsvoten nicht die Rede sein kann, so hat sich nichtsdestoweniger klar ergeben, daß eine annähernde Übereinstimmung der Ansichten nur in bezug auf zwei Gegenstände vorhanden war: bezüglich der Zwischenbilanzen und bezüglich des freiwilligen Bankbeirats. Die Durchführung beider Anregungen bedürfte aber keiner besonderen gesetzlichen Grundlage.

Trotz des anscheinend geringen greifbaren Ergebnisses enthält auch dieser zweite Teil des Enqueteberichts eine Fülle von wertvollem Material aus dem Gebiete des Depositenwesens und darüber hinaus aus dem gesamten Kreise der Bankpolitik. Aber die Hebung dieser Schätze ist nicht ganz leicht. Die gute Absicht des die Verhandlungen leitenden Reichsbankpräsidenten Havenstein, eine gewisse Systematik in die Erörterungen zu bringen, indem Frage für Frage zur Verhandlung gebracht wurde, hat sich nicht oder nur unvollkommen durchführen lassen. Begreiflich wird das übrigens bei dem sachlichen Ineinanderfließen der Stoffe und weiter durch die Zerlegung der Verhandlungen in General- und Spezialdiskussion. Die Folge ist, daß sich ohne sorgfältiges Studium des ganzen umfangreichen Bandes kein Bild über die Hauptpunkte der Erörterungen und die Stellung der einzelnen Redner zu ihnen gewinnen läßt. Auch die an sich sehr verdienstvolle Beigabe des Sachregisters ändert daran nichts. Es soll deshalb in den folgenden Blättern der Versuch gemacht werden, im ersten Teile eine kurze Darstellung der Verhandlungsthemen und des wesentlichsten Inhalts der an sie geknüpften Erörterungen, sowie der von den Mitgliedern zu den einzelnen Anregungen gemachten Äußerungen zu geben. Der zweite Teil enthält den Versuch einer kritischen

Würdigung. Wenn auch der Verfasser sich darüber klar ist, daß die Lösung der Aufgabe, die er sich im ersten Teile gestellt hat, recht schwierig und die Aufgabe selbst wenig dankbar ist, so hofft er doch, daß die Arbeit für den großen Kreis derjenigen nicht ganz ohne Nutzen sein wird, die dem behandelten Stoffe das ihm gebührende große Interesse entgegenbringen, ohne die Zeit zur Lektüre des umfangreichen stenographischen Berichts zu haben.

Unberücksichtigt mußten, um die Knappheit der Darstellung nicht zu gefährden, alle die sehr interessanten Erörterungen bleiben, die nicht streng zur Sache gehören. Leider gilt dies auch für den auf dem Hintergrunde der Enquete sich abspielenden Kampf zweier Richtungen der nationalökonomischen Wissenschaft, verkörpert in den Professoren Adolph Wagner und Riesser. Es würde auch nicht möglich sein, ohne Schmälerung des ästhetischen Genusses für den Leser, den Inhalt der beiderseitigen Ausführungen kurz wiederzugeben. Handelte es sich doch, wie von einer Seite mit Recht ausgeführt wurde, um den Streit zweier Weltanschauungen. Aber ob diese Debatten sich auf Bodenwucher oder Steuerwut, auf den Zukunftsstaat und die Züchtung von Millionären bezogen, ob sie sich über Monroedoktrin, Zweikindersystem, Frauenhutluxus verbreiteten, die Säuglingssterblichkeit, die Plutokratie, Armenlasten und Waarenhäuser behandelten, immer waren sie interessant.

Eine besondere Behandlung hat in den folgenden Ausführungen das Gutachten des Geheimen Justizrats Professor Dr. Riesser, welches er der Kommission als Sonderdruck vorgelegt hat, insofern erfahren, als es nicht als Teil der mündlichen Erörterungen der Kommission angesehen worden ist. Es schien dem Verfasser nicht angemessen, mit dem geschlossenen wissenschaftlichen Werke — das Gutachten entspricht dem auf das Depositenwesen bezüglichen Abschnitte des bekannten Riesserschen Buches über die Entwicklungsgeschichte der Großbanken — einer Autorität auf dem Gebiete der Volkswirtschaft so zu verfahren, wie mit den mündlichen Vorträgen, die innerhalb einer freien Diskussion gehalten wurden. Dazu kommt aber, daß Riesser in diesem Falle mehr als S a c h v e r s t ä n d i g e r, wie als Kommissionsmitglied sich äußert, die Gutachten der Sachverständigen aber leider für die Zwecke der vorliegenden Arbeit unberücksichtigt bleiben mußten, weil sie der Öffentlichkeit entzogen sind.

I.

Wie zu erwarten war, gingen die Ansichten bei der Erörterung der Hauptfrage „ob es im öffentlichen Interesse geboten erscheine, für die Sicherheit und Liquidität der Anlage von Depositen und Spargeldern auf dem Wege der Gesetzgebung Sorge zu tragen" weit auseinander. Daß bei Behandlung der Frage ein öffentliches Interesse in Betracht komme, wurde zwar von keiner Seite bestritten. Ob aber irgendwelche Maßnahmen zugunsten der Sicherheit und Liquidität der Depositen und Spargelder notwendig oder auch nur zweckmäßig seien, und ob sich gar zu diesem Behufe ein gesetzgeberisches Vorgehen als ratsam oder erforderlich erweise, darüber ergaben sich die weitgehendsten Meinungsverschiedenheiten.

An die Beantwortung der Hauptfrage heranzutreten war der Kommission, wie auf der Hand liegt, erst möglich, wenn die Vorfrage erörtert war, ob etwa die Sicherheit und Liquidität der Depositen und Spargelder als ungenügend anzusehen sei. Wurde diese Vorfrage verneint, so ergab sich ohne weiteres auch die Verneinung der Hauptfrage. Gelangte man aber zu der Überzeugung, daß Bedenken hinsichtlich der Sicherheit oder der ausreichenden Flüssigkeit der Depositen- und Spargelder, oder hinsichtlich beider, bestünden, so ergab sich für die weitere Erörterung ein breiter Raum. Zwar sah die Hauptfrage in ihrem Wortlaut nur die Anwendung von Maßnahmen vor, die auf gesetzgeberischem Eingreifen fußten. Aber weder in der Vorgeschichte der Enquete, noch in der Sache selbst zeigte sich ein Hindernis für die Kommission, auch Maßregeln gegen Mängel auf dem Gebiete des Depositenwesens in den Kreis ihrer Erörterungen zu ziehen, die auf keine neuen Akte der Gesetzgebung begründet werden mußten. Programmatisch hatte mit Recht der Vorsitzende, Reichsbankpräsident Havenstein, ausgeführt: „Das sachliche Thema der ganzen Beratungen ist die Sicherheit und vor allen Dingen die Liquidität und die Gesunderhaltung unserer Kreditorganisation, die sich immer mehr auf dem Anwachsen der fremden Gelder aufbaut." (S. 90.) Aus den letzten Worten ergibt sich eine fernere Erweiterung der Beratungsaufgaben. Die Sache forderte, daß auch die Bankkreditoren in die Erwägungen der Kommission einbezogen wurden. Zweifel und Bedenken wegen der genügenden Sicherheit und Flüssigkeit der Depositen- und Spargelder mußten sich, wenn sie überhaupt auftraten, auch auf die fremden Gelder der Banken überhaupt richten. Das ergab sich nicht nur aus der mangelnden Unterscheidbarkei der einzelnen Gattungen, sondern auch aus der Tatsache, daß weniger die Einlagen bei Sparkassen und ähnlichen Instituten, als vielmehr die fremden Gelder der Banken Gegenstand der Sorge und Beargwöhnung weiterer Kreise geworden waren. Auch in den Parlamenten, der Presse, der Literatur hatte stets die Frage der Verwendung der Bankeinlagen im Vordergrunde gestanden, die Kommission mußte wohl oder übel dieser Sachlage Rechnung tragen. Es gab auch ohne Zweifel der allgemeinen Empfindung den richtigen Ausdruck, wenn Gontard (S. 27/28) ganz offen erklärte, die Kommission habe sich zu einer Art Untersuchungskommission gegen die Großbanken ausgebildet. Auch Riesser bestätigt, daß die Hauptbedenken sich gegen die Liquidität der Banken richten (S. 83).

Es war also festzustellen, wie es um die Sicherheit und Liquidität der fremden Gelder aller Art stehe, gleichgültig, ob sie Groß-, Mittel- und Kleinbanken, Privatbankiers, Genossenschaften, Sparkassen oder gar nur „Außenseitern" anvertraut sind. Lexis faßte die Aufgabe kurz in den Satz zusammen: Wie wird das Betriebskapital der ganzen Geschäftswelt verwaltet? (S. 14.) Entsprechend diesem großen Rahmen bewegte sich auch die Erörterung in der Kommission innerhalb weitgesteckter Grenzen.

Darüber, was als sicher und was als liquide im banktechnischen Sinne anzusehen ist, ergaben sich keine erheblichen Meinungsverschiedenheiten. Ströll skizzierte in einem trefflichen Vortrage (S. 22/27) seine Anschauungen über diese Punkte und traf damit wohl auch die der Mehrheit der Mitglieder. Er stellte die Liquidität in den Vordergrund. Diese, führte er aus, sei ein gesteigerter Grad der Sicherheit. Umgekehrt könne allerdings auch manches noch sicher sein, was nicht liquide ist. Sonach sei in erster Linie die Frage der Liquidität zu prüfen; die Frage der Sicherheit werde sich dann unschwer beantworten lassen. Im theoretischen Sinne seien freilich nur solche fremden Gelder liquide, denen als Deckungsmittel bares Geld gegenüberstände. Das sei natürlich nur ein kleiner Bruchteil.

Praktisch stehe aber die Sache so, daß entscheidend für den Liquiditätsgrad des Schuldners von fremden Geldern sein Besitz an leicht realisierbaren Werten (Wechseln, guten Effekten) einerseits, und das Maß, in dem er mittels dieser Werte im Notfalle und in bewegter Zeit die letzte Geldquelle, die Reichsbank — sei es direkt, sei es durch Vermittlung von Unterinstanzen — in Anspruch nehmen kann. In Betracht käme außerdem noch der Umfang, in dem dem Schuldner international verwertbare Deckungsmittel zur Verfügung stehen.

Zu unterscheiden war nach der wirtschaftlichen Zweckbestimmung und der rechtlichen Verfassung der einzelnen Institute zwischen Aktienbanken, Genossenschaften und Sparkassen. Auf die übrigen Stellen, welche Depositen annehmen, insbesondere auf die Privatbankiers, bezog sich der Fragebogen nicht. Sie konnten auch in den Beratungen nur nebenher berücksichtigt werden, schon aus dem Grunde, weil ihre finanzielle Lage sich der öffentlichen Kenntnis entzieht.

Was die Liquidität der Banken anbelangt, so unterschieden einzelne Redner zwischen Groß- und kleineren Banken. Wachler (S. 14) hegte keinerlei Besorgnis wegen des Flüssigkeitsstandes der Kreditbanken mit einem Eigenkapital von einer Million Mark und mehr; nicht so günstig beurteilte er die Banken mit kleinerem Kapital. Gontard (S. 28) sah die Liquidität schon bei den Großbanken als noch nicht günstig genug an und bezeichnete die kleinen Banken als häufig noch weniger liquide. Für Schinckel (S. 59) scheint die Lage bei den Banken nichts oder nicht viel zu wünschen übrig zu lassen; auch Heiligenstadt (S. 39) erhebt keine Bedenken. Frhr. v. Gamp (S. 22) hegt gegen die großen, mittleren und selbst die kleineren Banken wegen der Liquidität kein Bedenken, nur soweit das Eigenkapital der letzteren ganz gering ist, würden sie eine minder günstige Beurteilung verdienen. Nach Ströll (S. 23/27) stehen die Banken hinsichtlich der praktischen Liquidität am besten von den in Betracht kommenden Instituten. — Die Genossenschaften lassen nach Schinckel (S. 59) hinsichtlich der Flüssigkeit der Mittel mehr zu wünschen übrig, als die Banken; nach Gontard (S. 28) stehen sie selbst noch hinter den kleinen Banken zurück. Auch Schmidt (S. 70) ist der Ansicht, daß die Liquidität der Kreditgenossenschaften manches zu wünschen übrig lasse, ein Urteil, dem sich auch Ströll (S. 27) anschließt, indem er die

Genossenschaften zwischen Banken und Sparkassen in die Mitte stellt. Selbst Frhr. v. Gamp (S. 22) äußert sich dahin, daß die Genossenschaften zu wünschen übrig ließen. Wesentlich günstiger beurteilen Frhr. v. Cetto (S. 51) und Peter (S. 54) die Liquidität der Genossenschaften, ersterer namentlich unter Bezugnahme auf die ländlichen Raiffeisen-Kassen. Es müßten, wie beide Redner ausführten, bei Bemessung des Liquiditätsgrades die besonderen Verhältnisse der Genossenschaften, namentlich die Stütze, welche sie in den Verbänden und den Zentralkassen hätten, ferner der enge Zusammenschluß innerhalb kleiner Kreise mit genauer gegenseitiger Kenntnis der Verhältnisse der Mitglieder, endlich die Beaufsichtigung in Betracht gezogen werden.

In bezug auf die Sparkassen führte Gontard (S. 28) aus, daß die meisten überhaupt nicht liquid seien. Ähnlich äußert sich Mommsen (S. 110). Auch nach Frhr. v. Gamp (S. 21) sind die Sparkassen selten wirklich liquid und Ströll (S. 26) bezeichnet sie sogar als außerordentlich illiquid. Schmidt (S. 70) ist der Meinung, ihre Flüssigkeit entspreche nicht allen Anforderungen und auch Schinckel (S. 59) meint, sie seien nicht sehr liquid, sieht aber in dieser Tatsache kein besonderes Bedenken, sofern nur die Sparkassen sich auf ihre eigentliche Aufgabe beschränken und nicht Bankgeschäfte treiben. Redner nimmt besonders auf Hamburger Verhältnisse Bezug. Ähnlich führt Graf v. Kanitz (S. 37) aus, daß bei Sparkassen auf die Frage der Liquidität kein besonderes Gewicht gelegt zu werden brauchte. Nach Fischer (S. 72) genügt die Liquidität bei den eigentlichen Sparkassen vollständig; bezüglich der Banken und Genossenschaften äußert er aber Bedenken. Raab (S. 65) hat hinsichtlich aller Depositenschuldner den Eindruck gewonnen, daß die Liquidität (und Sicherheit) nicht in so hohem Maße gefährdet sei, als man draußen vielfach annimmt.

Zur Frage der Sicherheit der fremden Gelder bemerkt Schmidt (S. 69), bezüglich der Aktienbanken werde sie von keiner Seite bezweifelt, ein Standpunkt, den auch Kämpf (S. 127) und Schinckel (S. 58/59) vertreten. Wachler (S. 14/17) und Gontard (S. 28) unterscheiden zwischen größeren und kleineren Banken und beurteilen die letzteren hinsichtlich der Sicherheit der Einlagen nicht ganz so günstig, wie die größeren, ohne doch gerade Bedenken zu äußern. Allerdings faßt Wachler dabei ausdrücklich nur die Gegenwart ins Auge. Nach Peter

(S. 53/54) läßt die Sicherheit der Depositen bei Großbanken nichts zu wünschen übrig. Graf Kanitz (S. 36) will die Banken differenziell behandeln. Heiligenstadt (S. 39) ist der Ansicht, daß im ganzen gegen die Sicherheit der Depositengelder nichts einzuwenden sei, ohne auf die einzelnen Gattungen der Depositenschuldner näher einzugehen. Ähnlich scheint Webers Auffassung zu sein (S. 34), während nach Fischer (S. 72) die Sicherheit bei Banken (und Genossenschaften) einer Erhöhung bedarf.

Die Genossenschaften halten Frhr. v. Gamp (S. 21) und Graf v. Kanitz (S. 36) für sicher, eine Ansicht, die auch Schmidt (S. 69) aus den Aussagen der Sachverständigen entnommen hat. Nicht ganz so günstig werden die Genossenschaften von Gontard (S. 28) beurteilt. Dagegen führt Frhr. v. Cetto (S. 52) aus, daß die Sicherheit namentlich der ländlichen Genossenschaften trotz gegenteiligen Anscheins nicht bedenklich sei, und Peter (S. 53/54) hält die Sicherstellung der Einlagen bei den Genossenschaften im allgemeinen nicht für schlechter, manchmal sogar für besser, als bei den Aktienbanken.

Was endlich die Sicherheit der Einlagen bei den öffentlichen Sparkassen betrifft, so wird sie von Ströll (S. 26), Graf Kanitz (S. 36), Frhr. v. Gamp (S. 21), Schmidt (S. 69), Peter (S. 53/54), Fischer (S. 72) übereinstimmend als zweifellos bezeichnet. Auch Gontard (S. 28) hält sie meist für tadellos. Frhr. v. Cetto (S. 52) glaubt, daß sie nur bei solchen Kassen noch zu wünschen übrig lasse, die ohne staatliche Reglementierung sind.

Die Summe der geäußerten Ansichten läßt sich wohl dahin ziehen, daß gegen die Liquidität und Sicherheit der Einlagen bei den Aktienbanken, Genossenschaften und öffentlichen Sparkassen im allgemeinen Befürchtungen nicht gehegt zu werden brauchen. Es bestehen aber zwischen den verschiedenartigen Instituten nach beiden Richtungen hin graduelle Unterschiede. Insbesondere ist eine bankmäßige Liquidität bei vielen Genossenschaften und bei den meisten öffentlichen Sparkassen nicht vorhanden. Völlig einwandfrei ist auch bei den kleinen Banken der Flüssigkeitsgrad nicht. Trotzdem wird die Sicherheit der Einlagen auch bei diesen Instituten nicht als zweifelhaft angesehen; bei den öffentlichen Sparkassen gilt sie sogar als vollkommen. An erster Stelle stehen hinsichtlich der Liquidität und Sicherheit der fremden Gelder die Großbanken.

Aus den interessanten Erörterungen über alle diese Fragen sind einige Gesichtspunkte besonders bemerkenswert. Der erste und wichtigste ergibt sich aus dem Einwande, daß die Art der Verwendung der Depositengelder, die das nationale Betriebskapital darstellen, durch die Großbanken nicht zweckentsprechend erfolge und daß im öffentlichen Interesse für eine zweckmäßigere Verwaltung dieser Gelder Sorge getragen werden müsse. Wie bekannt, hat in letzter Zeit namentlich Heiligenstadt diese These vertreten, nachdem schon vorher von vielen Seiten, namentlich von Adolph Wagner, Befürchtungen nach dieser Richtung geäußert worden waren. Im Zusammenhange damit steht der Vorwurf, die Großbanken nähmen bei Einführung von ausländischen Wertpapieren nicht immer genügende Rücksicht auf den deutschen Geld- und Kapitalmarkt, sie überschritten sogar zuzeiten das aus der nationalen Wirtschaftslage sich ergebende Maß und fügten dadurch der heimischen Gesamtwirtschaft dauernden Schaden zu. Immer und immer wieder würden fremde Anleihen in Deutschland investiert, während das Geld dazu kurzfristig aus dem Auslande geborgt werde und die deutsche Wirtschaft in große Verlegenheiten kommen könne und gekommen sei, wenn das Ausland dieses Geld zurückziehe (Frhr. v. Gamp S. 160; ähnlich Schmidt S. 70). Gegen die unzweckmäßige und darum unzulässige Zweckzuweisung des nationalen Betriebskapitals müßten Vorkehrungen um so mehr getroffen werden, als die gerügte Verwendung von Depositen, wie von fremden Geldern überhaupt nicht im Einklange mit den Absichten der Hinterleger stände.

Heiligenstadt hatte in einer ziemliches Aufsehen erregenden Druckschrift den Nachweis für den oben wiedergegebenen Vorwurf insbesondere durch Unterlagen zu erbringen versucht, die er aus der Statistik herleitete. Sie sollten dartun, daß ein erheblicher Teil von dem in Form von Depositen usw. in die Hände der Banken gelangten volkswirtschaftlichen Betriebskapital zu festen Anlagen Verwendung gefunden habe. Jede stärkere Veränderung des umlaufenden Betriebskapitals, so führte Heiligenstadt aus, insbesondere aber jede Beschränkung desselben im Verhältnis zum festen Anlagekapital, beeinflusse das Wirtschaftsleben empfindlich. Die Bestimmung darüber, ob das aus den Überschüssen der einzelnen Produktionsperioden herrührende Neukapital zu Anlage- oder zu Betriebszwecken Verwendung finde, liege nun in erster Linie bei den deutschen Kreditbanken; gegenüber dem sich hier kundgebenden Streben, immer mehr Kapital in industriellen Unternehmungen festzulegen, müsse aber Sorge getragen werden, daß nicht übermäßige Beträge des liquid zu erhaltenden nationalen Betriebskapitals in feste Anlagen gesteckt würden. Diese Gedankengänge ergänzte Heiligenstadt, der in der Enquetekommission ausdrücklich an seinen früheren Ausführungen festzuhalten erklärte (S. 39), noch in einigen Punkten. Er führte aus, daß es unrichtig sei, wenn man die bei den kleinen, namentlich ländlichen Genossenschaften und den Sparkassen hinterlegten Gelder mit den den Kreditbanken anvertrauten Spardepositen auf eine Stufe stelle. Zwar seien beide Gattungen im juristischen Sinne als täglich (oder kurz) fälliges Geld anzusehen. Wirtschaftlich gelte das aber nur für die Bankdepositen, während es den Einlegern von Spargeldern nicht um eine vorübergehende Verwendung zu tun sei, wie den Bankdepositären, sondern um Anlage ihrer Ersparnisse. Deshalb könnten auch diese Spargelder, welche also ihrer ganzen Natur nach nicht Betriebs- sondern Anlagekapital darstellten, unbedenklich festgelegt werden (S. 41/42). Dieser die vorzugsweise Anlage von Sparkassengeldern in Hypotheken rechtfertigende Standpunkt wurde noch von anderen Kommissionsmitgliedern vertreten. Ebenso wurde das Thema von der übermäßigen Begünstigung der Industrie durch die Kreditbanken auch von anderer Seite aufgenommen. Die Bankkredite für industrielle Zwecke würden, nach den hierauf bezüglichen Ausführungen, zu willfährig und zu schnell gegeben. Man fördere unausgesetzt das Bestreben der Industrie, bei jeder günstigen Konjunktur die Werke zu vergrößern, und es sei daraus ein auch in den leitenden Persönlichkeiten erkennbares gegenseitiges Intimitätsverhältnis entstanden. Vielfach sei die Industrie sogar geradezu zu neuen Unternehmungen gedrängt worden, die über ihre Kräfte gingen, und sie sei auf diese Weise zuweilen in ein förmliches Abhängigkeitsverhältnis zu den Kreditbanken geraten. Auch die Tendenz zur Bildung von Kartellen und Ringen werde durch den ganzen Prozeß gefördert. Behufs Rückzahlung oder Liquidierung der gewährten Kredite pflegten die Banken auf die Industrie dahin einzuwirken, daß sie neue Aktien oder Schuldverschreibungen ausgibt, die dann die Banken übernähmen. Man schaffe gern derartige börsenmäßig verwertbare Papiere, um bei deren Emission größere Gewinne zu machen, als sie das gewöhnliche Bankgeschäft abwerfen könne. Damit überwälze man einerseits den Bankkredit auf das Publikum und befördere andrerseits die immer weitergehende Expansion der Industrie. Öfters blieben aber auch die Papiere, weil das Publikum sie ablehne, im Besitze der Banken und beeinträchtigten deren Liquidität; weiter aber bildeten diese Effekten auch oft die Unterlage von Forderungen der Banken an ihre Kunden, und die hieraus entstandenen Debitorenposten seien als spekulative Kredite ohne wirtschaftlichen Wert und mit recht zweifelhafter Sicherheit zu charakterisieren.

Eine der Folgen des von den Kreditbanken beliebten Verfahrens bestehe aber auch, abgesehen von der ungenügenden Berücksichtigung der nicht industriellen Erwerbsstände, darin, daß das Publikum nicht genügend auf die Anlage seiner Gelder in Staats- und ähnlichen Papieren hingewiesen, ja von ihr wohl nicht selten geradezu abgedrängt werde. Der schlechte Kursstand der heimischen Staatspapiere hänge nicht zum wenigsten mit dieser ganzen Entwicklung zusammen. Es finde eine Art von künstlicher Überfütterung der Industrie durch die Banken statt, während die Landwirtschaft mit hohen Zinsen zu kämpfen habe. Die Überspannung der industriellen Kredite begünstige und beschleunige aber das Eintreten von Krisen, unter denen alle Erwerbsstände zu leiden hätten. Es werde bei den Bankleitungen überhaupt viel zuwenig an schwere Zeiten gedacht, während doch verlangt werden müsse, daß hierfür in der allgemeinen Gebarung die notwendige Rüstung nicht verabsäumt werde. Man müsse vorsichtigerweise doch auch an solche Fälle wie Kriege denken. Auch sonst befördere die Maßlosigkeit der Erwerbshast die wirtschaftlichen Krisen. Gegen die Ausbeutung der Konjunkturen, die übermäßige Ausdehnung der Spekulation müsse sich das Eingreifen der Banken rechtzeitig richten, auch wenn sie dann vielleicht eine um 1—2% niedrigere Dividende verteilen könnten. Freilich seien sie Erwerbsanstalten, die verdienen wollen, auch spiele wohl nicht selten das persönliche Interesse von tantiemeberechtigten Mitgliedern des Vorstandes und des Aufsichtsrats eine Rolle.

Gegen diese Auffassung, die namentlich bezüglich der letzteren Punkte Adolf Wagner lebhaft vertrat, wurden von vielen Seiten Einwände erhoben. In erster Linie wurde bestritten, daß gerade die bei den Kreditbanken hinterlegten fremden Gelder die ihnen beigelegte Bedeutung hätten. Denn Ende 1908 hätten die Bankkreditoren etwas über $5^1/_2$ Milliarden, die Bankdepositen $2^3/_4$ Milliarden Mark, dagegen die Einlagen bei den Sparkassen über 15 Milliarden, die Kreditoren und Depositen bei den Kreditgenossenschaften nahezu 3 Milliarden Mark betragen. Es fehle auch jeder Beweis dafür, daß die Kreditbanken ihre Einlagen im Widerspruche mit den Absichten der Hinterleger verwendeten. Letztere würden sich doch, wenn das Behauptete zuträfe, den Sparkassen zuwenden. Die Bankeinlagen befänden sich aber nicht in der Abnahme, sondern im Steigen. Es zähle gerade zu den Vorzügen unserer Kreditorganisation, im Gegensatze zu der mancher anderen Länder, daß die Banken unbeschäftigte Gelder der Volkswirtschaft zugeführt haben. Der Schade, der durch eine Verhinderung der Weiterentwicklung in dieser Beziehung angerichtet werden würde, sei enorm. Wenn der Geldbedarf der Industrie stark hervortrete, so sei das zum Teil dadurch begründet, daß die Entwicklung der Technik in schnellerem Tempo erfolge, als die Neubildung von Kapital. Es werde ohne weiteres zugegeben, daß die Ausdehnung des Bank- und Kreditwesens viel dazu beitrage, gewisse Übelstände in der Industrie zu verschärfen, und daß die Banken alle Veranlassung hätten, der Kreditgewährung zu industriellen Zwecken nicht Zügel schießen zu lassen, zumal es auch der bestehenden Industrie nicht erwünscht und angenehm sei, wenn die Banken, die Konkurrenz immer steigernd, stets neue Industrien hervorrufen hülfen. Aber die Bevölkerungszunahme in Deutschland verlange doch gebieterisch eine entsprechende Zunahme der Arbeitsgelegenheiten, auch fordere die stetig wachsende Einfuhr eine entsprechende Förderung des Exports. Es sei nicht zutreffend, daß das Geld in die Industrie hineingepreßt werde, wenn auch vielleicht hier und da einmal eine Bank einen Fehler gemacht habe, indem sie das Geld in falsche Kanäle leitete. Freilich sollten industrielle Meliorationen nur aus den eigenen Ersparnissen, nicht aus Krediten bestritten werden. Die mangelnde Beliebtheit der Staatspapiere sei in der Hauptsache darauf zurückzuführen, daß das Publikum an ihnen immer Schaden gehabt habe, und es wende sich den Industriepapieren zu, weil diese im Kurse steigen. Wenn sich bei der Neubildung von Kapital Mängel zeigten, so seien dafür die zu hohe Steuerlast und die enormen Aufwendungen für sozialpolitische Zwecke mitverantwortlich zu machen. Die Kapitalbildung hielte auch mit der Bevölkerungszunahme nicht gleichen Schritt (Zitat von Graf v. Kanitz S. 92). Im übrigen sei doch auch die riesige Ansammlung von Kapitalien bei den Berufsgenossenschaften, Landesversicherungsanstalten usw. in Rücksicht zu ziehen. Der behauptete bestimmende Einfluß der Großbanken auf die Industrie bestehe nicht oder flaue doch mindestens stark ab. In einzelnen Industrien finde das umgekehrte Verhältnis statt; in einem namhaft gemachten Falle stünden sogar die Banken in einer gewissen Abhängigkeit von dem industriellen Werke. Es könne nicht wohl die Behauptung aufrecht erhalten werden, daß die Verwaltung der nationalen Betriebsreserve einem Dutzend Männern anvertraut sei. Der einzelne Bankdirektor sei gegenüber der bestehenden Richtung machtlos; wolle er sich den vorhandenen Tendenzen entgegenstellen, so würde er bald ersetzt werden. Man solle nicht außer acht lassen, daß das Liquiditätsverhältnis der Banken im Auslande, namentlich in England, auf dessen angeblich zweckmäßigere Bankwirtschaft oft hingewiesen werde, nicht etwa günstiger stände, wie bei uns; die nach dieser Richtung geäußerten Behauptungen beruhten auf falscher Auffassung der statistischen Angaben. Aber auch bei Anwendung der deutschen Ziffern gelange man leicht zu falschen Schlüssen. Beispielsweise würden häufig die sehr bedeutenden Einlagen bei den mecklenburgischen und oldenburgischen Banken den Bankdepositen zugezählt, während sie im wesentlichen eigentliche Spargelder darstellten. Unzutreffend sei es, von absichtlicher mangelnder Berücksichtigung der Landwirtschaft durch die Kreditbanken zu reden. Für den landwirtschaftlichen Kredit sei durch die landschaftlichen Kreditinstitute und die Zentral-Genossenschaftskasse in mehr als ausreichender Weise gesorgt; letztere gewähre namentlich auch Personalkredit zu sehr günstigen Bedingungen. Auch finde ein ansehnlicher Teil der Einlagen bei den Sparkassen im Interesse des ländlichen Kredits Verwendung. In keinem Lande sei eine so große Mobilisierung des Grundbesitzes erfolgt, wie in Deutschland durch die Landschaften, Pfandbriefanstalten, Hypothekenbanken. Es sei nicht einmal wünschenswert, durch schwimmende Wertpapiere noch mehr Kredit in die Landwirtschaft hineinzubringen.

Bezüglich der Emission ausländischer Anleihen in Deutschland wurde darauf hingewiesen, daß die Zwecke solcher Geschäfte von den Außenstehenden vielfach verkannt würden. Den Wissenden sei bekannt, daß und welchen Nutzen die heimische Wirtschaft von ausländischen Anleihen habe, daß sie überdies ein wertvolles Mittel bildeten, das Inland vom ausländischen Handel unabhängig zu machen. Nicht selten bleibe der Erlös der Anleihe vollständig im Inlande, zuweilen bringe die Übernahme einer ausländischen Anleihe noch ausländisches Geld jahrelang als Depot nach Deutschland. Gewiß hätte manche ausländische Emission unterbleiben können, im ganzen sei aber das Verhalten der deutschen Kreditbanken bei der Kreditgewährung an das Ausland nicht anfechtbar, wie eingehend im ersten Teil der Enquete nachgewiesen wäre. Im übrigen habe es die Regierung zufolge ihres Aufsichtsrechts in der Hand, die Zulassung einer ausländischen Anleihe an deutschen Börsen zu verhindern (Weber S. 33).

Ein anderer sehr wichtiger Gesichtspunkt betraf das Verhältnis der Kreditinstitute zur Reichsbank und die Frage, inwieweit die jetzige Kreditorganisation tatsächlich darauf beruhe, daß die Reichsbank — und nur diese allein — im Falle außergewöhnlicher Bedürfnisse der Banken diesen die erforderlichen Mittel zur Verfügung stellen kann und will. Die Erörterung knüpfte dabei an den bekannten Fall an, daß im Jahre 1901 der Dresdner Bank in wenigen Tagen 60 Millionen Depositengelder entzogen wurden, ohne daß diese, nachdem die Reichsbank ihr durch starke Wechseldiskontierungen die erforderlichen Barmittel zur Verfügung gestellt hatte, irgendwie in Verlegenheit gekommen wäre. Während dieser Vorgang von einer Seite als eine Hilfsaktion der Reichsbank zugunsten der Dresdner Bank angesehen wurde, durch die die Gefährlichkeit der bestehenden Verhältnisse hell beleuchtet werde, gelangte man auf der gegnerischen Seite zu einem ganz anderen Schlusse. Es ergebe sich gerade daraus, von welcher Bedeutung ein Portefeuille von Wechseln, die bei der Reichsbank rediskontabel seien, für die Liquidität der Depositengeld-Verpflichtungen der Kreditbanken sei. Von einer Hilfsaktion der Reichsbank in dem Sinne zu sprechen, als habe es der Dresdner Bank an eigener Kraft, sich zu halten, gefehlt, hieße vollständig die Sachlage verkennen. Es bedeute eine ganz legale und dem eigentlichen Daseinszwecke der Reichsbank nach jeder Richtung entsprechende Inanspruchnahme, wenn eine Bank bei Abforderung von fremden Geldern sich die notwendigen Zahlungsmittel durch Diskontierung von Wechseln oder Entnahme von Lombardvorschüssen bei der Reichsbank beschaffe. Die Privatbanken erfüllten wirtschaftlich vollauf ihre Pflicht, wenn sie sich in betreff der Rückzahlung von Depositengeldern mit Wechseln und Wertpapieren so versähen, daß sie die Reichsbank gegebenenfalls in Anspruch nehmen könnten. Letztere sei eben zu dem Behufe, die legalen Bedürfnisse der Kreditwirtschaft befriedigen zu können, mit dem elastischen Notenrecht, mit der Eigenschaft als gesetzliches Zahlungsmittel für die Noten, ausgestattet worden. Darin bestehe auch der gewaltige Vorzug, den unsere Bankeinrichtungen vor denen anderer Länder, z. B. vor Nordamerika, haben. Wenn daher eine Kreditbank ihre Anlagen nach dem banktechnischen Axiom einrichte, daß 40 % der Depositen mit Kasse und Wechseln, 60 % mit Debitoren gedeckt seien, so entspräche sie den Anforderungen der praktischen Liquidität (Ströll S. 25).

Wenn auch von anderer Seite dem Grundsatze zugestimmt wurde, daß die Reichsbank als ultimum refugium anzusehen und deshalb das allgemeine Streben darauf zu richten sei, die Kraft der Reichsbank als des Zentralgeldreservoirs zu stärken, so wurde doch auch wieder die Meinung vertreten, es sei Pflicht der Banken, dafür zu sorgen, daß der Rückgriff auf die Reichsbank tunlichst abgewehrt und abgeschwächt werde. Hierzu wurde von einer Seite die Stärkung der Reserven der einzelnen Kreditbanken, von anderer die steigende Verwendung des Scheckwesens empfohlen. Gegen beide Anregungen ergaben sich aber doch auch Bedenken. Die Ansammlung von stärkeren Kassenbeträgen werde am letzten Ende nur zu einer entsprechenden Verminderung der Barmittel der Reichsbank und damit zu einer Schwächung ihrer Aktionskraft führen. Eine verstärkte Nachfrage nach Wechseln begünstige das Entstehen von illegitimen Wechseln und drücke auf den Diskontsatz im freien Markt, durchkreuze also unter Umständen geradezu die Diskontpolitik der Reichsbank. Auch die zu einseitige Begünstigung des Scheckverkehrs habe ihre Bedenken, denn sie sei geeignet, uns dem in England bestehenden und als recht gefahrvoll erkannten Einreservesystem näher zu bringen. — Daß unser Kreditsystem im Falle eines Krieges zu recht schwierigen Verhältnissen führen könne, wurde besonders im Hinblick auf die schließlich doch auch beschränkte Widerstands- und Hilfskraft der Reichsbank anerkannt. Andrerseits wurde, wie bereits erwähnt, betont, daß es eine theoretisch einwandsfreie Liquidität überhaupt nicht gäbe. Sowohl die Reichsbank wie z. B. die Deutsche Bank seien außerstande, bei etwaiger Massenpräsentation von Noten oder Massenabhebung von Depositengeldern standzuhalten. Im Kriegsfalle bleibe eben für die Reichsbank und das Land nur übrig, zum Zwangskurs überzugehen. Man könne und solle aber nicht seine Einrichtungen dauernd auf Kriegs- und ähnliche große Notfälle richten, vielmehr das normale Verhältnis zum Ausgangspunkte der regelmäßigen Verfügungen machen.

Großes Gewicht wurde auch von verschiedenen Rednern auf die Solidarität der Kreditinstitute gelegt. Sie gelange nicht nur zum Ausdruck in normalen Zeiten, insofern sie dem einzelnen die Empfindung der Verbindung mit jedem anderen gewähre, sondern sie trete namentlich in Fällen eintretender Not und Bedrängnis in Erscheinung. Und zwar erfolge dann die Hilfeleistung nicht bloß im Interesse des Betroffenen, entspringe nicht etwa lediglich dem Altruismus und Gegenseitigkeitsgefühl, sondern die Unterstützung des Gefährdeten geschehe vielfach aus gebotener Selbstsucht und aus Egoismus, im Bedachtsein auf das eigene Heil. Bei dieser gewissermaßen zwangsweisen Solidarität müsse eben einer für den anderen stehen, wenn beim Sturze eines einzelnen nicht alle oder wenigstens viele fallen sollen. Diesem Verhältnisse entsprängen die Hilfsaktionen, die (unfreiwilligen) Fusionen, die schmerzlosen Liquidationen usw., und es hätten sich aus dem Bewußtsein der notwendigen Solidarität heraus vielerlei ständige Schutzeinrichtungen — Vereinigungen, Syndikate, Zentralorgane, Revisionsstellen — herausgebildet, die sich als schützendes Dach über den Organismen einer bestimmten Kategorie wölbten. Es sei das ein ausgedehnter Schutzapparat ad hoc, der das lebhafte Interesse der Gesamtheit an den Einzelgliedern bekunde. In Fällen, wo starke Bedenken wegen eines Instituts laut würden oder wo eine Hilfeleistung nicht mehr möglich sei und das einzelne Glied sich als zu krank erwiese, um erhalten werden zu können, äußere sich die Solidarität auch in anderer Weise, nämlich durch Wahrnehmung des Amts als Prüfer der Verhältnisse. Sei der Schritt auch, namentlich wenn es sich um alte und bis dahin angesehene Glieder des Standes handle, recht schwer, so halte man es doch für seine Pflicht, ihn zu tun. Ergäbe sich dann — wie es beispielsweise bei Haller, Söhle & Co. in Hamburg der Fall gewesen sei — daß die Firma insolvent wäre, so ergreife man, wieder im Gefühle der Solidarität mit dem ganzen Stande, die zur Beruhigung des Publikums und Einschränkung der Krisis erforderlichen Maßregeln, indem man gegen gute Sicherheiten und guten Kredit in ausgedehnter Weise Geld hergäbe. Aber auch kleinere Banken, die nicht gerade in besonders guten Verhältnissen waren, habe man in derartigen Fällen geprüft und ihnen dann über die Krisis hinweggeholfen. Das sei ein Solidaritätsverhältnis mit offenen, nicht mit zugemachten Augen. — In ähnlicher Weise verbinde die Genossenschaften ein Band der Solidarität, das noch fester geknüpft sei, als bei den Kreditbanken, insofern es nicht nur auf dem Gemeinsamkeitsgefühl beruhe, sondern in *rechtlicher* Bindung bestehe.

Von allgemeinem Interesse waren verschiedene Ausführungen über den wirtschaftlichen Charakter und die Verwendungsart der *Sparkasseneinlagen*. Zum Teil sind sie schon wiedergegeben. Daß die eigentlichen Spargelder den Charakter *dauernder* Einlagen besäßen, wurde nicht ernstlich bestritten. Dagegen wurde der Überzeugung Ausdruck gegeben, daß ein nicht unerheblicher Teil der bei Sparkassen hinterlegten Gelder von Leuten herrühre, die nicht ihre Ersparnisse anzulegen, sondern vorübergehend flüssige Beträge zu einem günstigen Zinsfuße unterzubringen wünschten. Das seien dann natürlich Depositengelder, auf deren Verbleiben nicht gerechnet werden dürfe. Ihre Höhe wurde von einer (sachverständigen) Seite auf ungefähr 30%, von Wagner auf 10—20% der Gesamteinlagen geschätzt. Beklagt und getadelt wurde, daß manche Sparkassen den Rahmen ihres Zwecks überschritten und nicht nur fremde Gelder geradezu heranzögen, sondern auch ihre Geschäfte zu einem förmlichen Bankbetrieb erweiterten. Während für die auf ihr eigentliches Gebiet beschränkt bleibenden Sparkassen die Sicherheit trotz der geringen Liquidität keinen Anlaß zu Bedenken gäbe, läge bei den erwähnten Kassen die Sache minder günstig. — Die Anlage der eigentlichen Spargelder in Hypotheken wurde im allgemeinen als zweckentsprechend bezeichnet. Natürlich müsse bei der Auswahl der Hypotheken Vorsicht beobachtet und tunlichst die Aufnahme von Nachhypotheken vermieden werden. Auch sei, entsprechend der Kündbarkeit der Hypotheken, an einer längeren Kündigungsfrist für die Einlagen festzuhalten. Indessen wurde doch auch hervorgehoben, welche Nachteile den Sparkassen in kritischen Zeiten aus dem Fehlen liquider Anlagen in einem gewissen Umfange erwüchsen. Abgesehen von Ausnahmen, besäßen die Sparkassen heute so gut wie keine Bestände, die sie in den Stand setzten, die Hilfe der Reichsbank in Anspruch zu nehmen. Denn sie legten ihre Gelder nur zum allergeringsten Teile in rediskontablen Wechseln und lombardmäßigen Wertpapieren an. Deshalb sei eine gewisse durchgreifende Modernisierung im Sparkassenwesen kein Luxus und das Vorgehen der preußischen Regierung, die das Halten größerer Bestände in Staatspapieren fordere, beifällig zu begrüßen. Freilich wurde auch darauf hingewiesen, wie gerade aus dem Besitze von Effekten für die Sparkassen große Verluste entstehen könnten. So habe die Stadt Berlin für die Städtische Sparkasse in einem Jahre nicht weniger als 13 Millionen Mark auf Effektenkonto aus dem Reservefonds der Sparkasse gedeckt, obwohl sie die Effekten nicht verkauft, sondern nur lombardiert habe. Andrerseits wurde mitgeteilt, daß beispielsweise in Hamburg den Sparkassen auf gute Hypotheken stets dasjenige Geld von den großen Kreditinstituten zur Verfügung gestellt zu werden pflege, dessen sie in schwierigen Zeiten bedürften. Eigentümlich sei auch den Hamburger Sparkassen, daß sie zur Anlage von Geldern gern die sogenannten Finanzwechsel — mit zwei Bankierunterschriften — nähmen, die von der Reichsbank abgelehnt werden. Die Anlage in Primawechseln könne übrigens, nach Meinung eines Redners, kaum für die Sparkassen kleinerer Städte in Betracht kommen und müsse sich der Natur der Sache nach auf die großen Börsenplätze beschränken. — Auch die Ansicht fand Vertretung, daß weder die Anlage in Wechseln noch in Staatspapieren eine ausreichende Liquidität der Sparkassen gewährleiste, zumal im Falle der Not nicht jede Sparkasse sich an die Reichsbank wenden könne und für letztere wiederum die Befriedigung der Sparkassenbedürfnisse mit eigener Schwächung gleichbedeutend sei. Die Beseitigung der Illiquidität der Sparkassen, die als Lücke in unserer Kriegsrüstung bezeichnet wurde, müsse deshalb auf anderen Wegen angestrebt werden.

Im übrigen wandte sich die Diskussion nach einer Reihe von Fragen der Notenbank- und Währungspolitik zu, die als Ausschnitt aus dem ersten Teile der Enquete gelten können. Das Fazit der Untersuchungen über die Sicherheit und Liquidität der fremden Gelder in den Kredit- und Sparinstituten und über die Gebahrung der letzteren wird am besten durch wörtliche Wiedergabe eines Teils der Rede des Vorsitzenden, Reichsbankpräsidenten Havenstein (S. 91), gezogen: „Gleichwohl klingt aus vielen der hier abgegebenen Voten . . . recht ernst doch auch der Ton heraus, daß unsere Kreditorganisationen, vielleicht als erklärliche Begleiterscheinungen unserer außerordentlich starken und fast stürmischen Entwicklung, sich doch nicht überall freigehalten haben von Übertreibungen und — wieder vielleicht nicht gewollt und nicht klar erkannt — von Tendenzen und Richtungen, die schon heute ernste Bedenken hervorrufen und, wenn sie sich weiter auswachsen, zu einer schweren Gefährdung unserer Wirtschaft und der gerade für sie unerläßlichen Liquidität und in letzter Linie auch der Reichsbank und unserer Währung führen können, Übertreibungen, . . . in einer Kreditüberspannung, in einer an manchen Stellen zu leichten und umfassenden Gewährung von Bank- und Wechselkredit zu langfristigen Investierungen, zur Beschaffung dauernden Betriebskapitals, zu großen Effektenspekulationen usw. . . . eine gewisse Sorglosigkeit für die Erhaltung der eigenen Liquidität auch für andere, als die gewöhnlichen normalen Zeiten, eine Sorglosigkeit, mit der man sich auf den letzten Liquiditätsgaranten, die Reichsbank, verläßt . . . Und deshalb kann manchem vielleicht wichtiger . . . jetzt die Notwendigkeit erscheinen, die Leiter unserer Kreditinstitute mit der Überzeugung zu erfüllen, daß es ihre Pflicht sei, zu allen Zeiten und auch über das durchaus berechtigte Gewinninteresse hinaus, und auch über die Sorge und die Rücksicht auf die Konkurrenz hinaus die Liquidität . . . für normale wie für schwere Zeiten im Auge zu behalten.“

Aus diesen, vom tiefsten Ernste getragenen Worten des zweifellos völlig objektiven und wohlmeinenden Leiters der Verhandlungen läßt sich unschwer der Gesamteindruck dieses Teils der Besprechungen erkennen.

Im Anschlusse an die Erörterungen über Liquidität und Sicherheit und teilweise parallellaufend mit ihnen erfolgte die

Beratung der Frage nach *gesetzlichen Maßnahmen*. Es handelte sich, mit anderen Worten, darum, ob sich das Reich oder der Staat einmischen solle. Auf seiten der Freunde wie der Gegner staatlicher Einmischung wurde zunächst anerkannt, daß die wichtigste Voraussetzung für ein gesetzgeberisches Vorgehen in der Möglichkeit besteht, Depositen und Spargelder voneinander, und beide wieder von den Kontokorrentkreditoren einwandsfrei zu unterscheiden. Es fehle aber hierzu an genügenden Kennzeichen. Weder die Wissenschaft noch die Praxis hätten sichere, brauchbare Erkennungsmerkmale für die einzelnen Gattungen geliefert. In der Theorie herrsche über die Grenzen der Begriffe noch Streit; in der Praxis fehle es an jeder Möglichkeit, äußerliche Anhaltspunkte dafür zu finden, welche Einlagen als Spargelder, welche als Depositen oder als Kreditorenforderungen anzusprechen seien.

Während aber auf der einen Seite jede Einmischung als untunlich bezeichnet wurde, solange es noch nicht gelungen sei, für die begriffliche Unterscheidung zwischen Kreditoren, Depositen und Spargeldern deutlich wahrnehmbare Handhaben zu finden, wurde auf der andern Seite betont, daß trotz des derzeitigen Ineinanderfließens der Begriffe kein Grund vorliege, die Hände in den Schoß zu legen. Es wurden sogar sofort Vorschläge gemacht, Kennzeichen für die Unterscheidung zu gewinnen. So regte Lexis an (S. 30/31), als Unterscheidungsmerkmal für die verschiedenartigen Einleger die Eintragung in das Handelsregister anzusehen. Soweit Einlagen von eingetragenen Kaufleuten herrührten, sollten sie als Kontokorrentguthaben gelten, während fremde Gelder von allen nicht eingetragenen Personen als Depositen anzusehen seien. Unter diesen sollten wieder unterschieden werden die eigentlichen Spardepositen, nämlich die mit einer Kündigungsfrist von mindestens acht Tagen hinterlegten Gelder. Man könne auch sagen, daß alle von nicht eingetragenen Kaufleuten herrührenden Gelder *Spar*depositen seien, sofern sie nicht etwa als Grundlage für den Scheckverkehr dienten, in welchem Falle sie als *Scheck*depositen — womit wohl Depositen im engeren Sinne gemeint sind — zu gelten hätten (S. 14). Später hat Lexis eine bessere Unterscheidung darin gefunden zu haben geglaubt, daß er nicht die eingetragenen Kaufleute zu den nicht in das Handelsregister eingetragenen Personen in Gegensatz stellte, sondern Geschäftsleute und Nichtgeschäftsleute. Die Einlagen der ersteren sollten als Kontokorrentguthaben gelten; die der letzteren seien zu zerlegen in täglich fällige und daher als Unterlage für den Scheckverkehr dienende — die eigentlichen Depositengelder — und in solche mit mindestens achttägiger oder überhaupt mit Kündigungsfrist — die Spardepositen oder Spargelder (S. 55 u. 97). Aber auch diese Unterscheidung sollte nur für Banken Geltung haben, nicht aber für Sparkassen und Kreditgenossenschaften. Roland-Lücke scheint eine Möglichkeit der Unterscheidung in der Weiterbildung des heutigen Verfahrens zu sehen, wonach die Bezeichnung Depositenkonto, Girokonto, Scheckkonto für solche Rechnungen angewandt zu werden pflegt, bei denen der Verkehr persönlich oder durch Beauftragte mündlich abgewickelt wird (S. 34). Kämpf will als Depositengelder nur Einlagen gelten lassen, die von Personen gemacht sind, welche im übrigen mit der beteiligten Bank nach keiner Richtung hin andere Geschäftsverbindung haben (S. 170). Heiligenstadt versucht die Lösung des Problems von einem ganz anderen Standpunkte aus. Er unterscheidet zwischen den Einlagen aller an der Sachgütererzeugung direkt mit eigenem Risiko gewerbsmäßig beteiligten Personen (Produzenten) und denjenigen, bei denen diese Voraussetzung nicht zutrifft (Konsumenten). Ersteren rechnet er die berufsmäßigen Spekulanten zu. Zu den Konsumenten gehört insbesondere das Heer der Zinsen- und Gehaltsempfänger. Den Produzenteneinlagen erkennt Heiligenstadt allein den Charakter von Kreditorengeldern im banktechnischen Sinne zu; die Konsumentengelder seien dagegen als Depositen zu betrachten (S. 40/41, 164/5). Endlich versuchte Fischer eine Definition in der Weise zu schaffen, daß er als Depositengelder nur solche gelten lassen will, die von dem Geber und Nehmer als „gesetzlich zu schützendes Deposit“ bezeichnet und damit mit einem Vorrang im Konkurse umkleidet würden, der sich auf ein noch zu erlassendes Sondergesetz zu stützen habe (S. 72).

Von diesen Lösungsversuchen scheidet der Roland-Lückesche schon deshalb aus, weil der Autor selbst die Möglichkeit einer brauchbaren Festlegung des Begriffs „Spargeld“ für große und mittlere Banken verneint. Gegen die Anregungen von Lexis und besonders von Heiligenstadt ist eingewandt worden, daß auch sie die Lösung der Frage nicht böten. Insbesondere passe das Schema nicht auf die wirtschaftlich außerordentlich wichtigen Einlagen von ausländischen Staaten und ausländischen Banken. Die Unterscheidung der Gelder nach der Herkunft aus Produzenten- oder Konsumentenkreisen sei praktisch unmöglich. Lediglich gegen die Kämpfsche These ist kein Einwand erhoben worden. Es ist das um so bemerkenswerter, als Kämpf einer der erfahrensten Praktiker ist und der Gang der Verhandlungen erkennen ließ, daß die Hauptschwierigkeit nicht in der Festlegung von begrifflichen Grenzen zwischen Depositen und Spargeldern unter sich, sondern darin gipfelt, eine brauchbare Handhabe zur Unterscheidung von Depositen und Spargeldern auf der einen und den bankmäßigen Kreditorenforderungen auf der andern Seite zu finden.

Die Gegner der Einmischung begründeten ihre Stellung nicht nur mit dem Formaleinwande der Unmöglichkeit, ausreichend sichere Unterscheidungsmerkmale zwischen Depositen im weiteren Sinne (d. h. mit Einrechnung der Spargelder) und den bankmäßigen fremden Geldern andrerseits zu finden. Verschiedene von ihnen erhoben auch materielle Bedenken und Einwände. In erster Linie wurde geltend gemacht, daß, wenigstens soweit die Großbanken oder doch die Banken von einiger Bedeutung in Betracht kämen, jeder Nachweis für die Schutzbedürftigkeit des Publikums fehle. Es sei unrichtig, wenn bezüglich dieser Institute von unzureichender Sicherheit oder ungenügender Liquidität der fremden Gelder überhaupt und der Depositen im besonderen gesprochen werde. Es lasse sich zahlenmäßig dartun, daß bei den bedeutenderen Bankzusammenbrüchen in der letzten Zeit von Depositengläubigern nur verhältnismäßig geringfügige Summen verloren worden seien. Dazu komme, daß der Grad der Liquidität ebensowenig wie die Güte der Aktiva äußerlich erkennbar sei. Die Durchführbarkeit von Überwachungsmaßregeln stehe und falle aber mit der Möglichkeit, schon aus den Bilanzen oder den sonstigen Aufstellungen einen sichern Anhalt für die Qualität und Flüssigkeit der Deckungsmittel zu gewinnen, denn an eine materielle Prüfung könne doch schon wegen der physischen Unmöglichkeit einer solchen nicht gedacht werden. Die Revision eines einzigen großen Instituts im einzelnen erfordere Monate. Daraus ergebe sich, daß selbst mit einer Armee von Revisionsbeamten die Durchprüfung aller bankähnlichen Gebilde nicht durchgeführt werden könne. Daß aber die bloßen Bilanzziffern zu ganz falschen Urteilen zu verleiten geeignet seien, bedürfe keines Beweises. Beispielsweise habe der Status der Leipziger Bank kurz vor deren Fall noch einen ungewöhnlich hohen Stand der allgemein als liquide Mittel angesehenen Aktivposten nachgewiesen. Jeder Versuch der Einmischung müsse eben an der Schwierigkeit der Ausführung scheitern. Dabei wurde auch auf die Stellung der Privatbankiers hingewiesen, denen gegenüber nur der Erlaß besonderer Gesetze in Betracht kommen könne. Sei aber jede Einmischung an sich schon nicht unbedenklich, so müsse eine gesetzlich veranlaßte unbedingt verworfen werden. Sie werde lediglich Schaden stiften. Die mannigfache Gliederung innerhalb der deutschen Kreditorganisation lasse eine einheitliche Behandlung der verschiedenartigen Institute und Stellen von vornherein als aussichtslos erscheinen. Was für Sparkassen zweckmäßig sei, eigene sich noch lange nicht für Genossenschaften und Banken. Aber auch innerhalb der einzelnen Gattungen fehle es an Gleichartigkeit. Die großen Spar- und Depositenbanken in Mecklenburg und Oldenburg könnten nicht nach den für Großbanken geltenden Regeln beurteilt werden. Selbst zwischen einigermaßen ähnlichen Gebilden ergäben sich erhebliche Abweichungen in der Wesensart, je nachdem sie im Norden oder Süden, im Osten oder Westen Deutschlands heimisch seien. Auch die Reichsbank könne durch Massenabforderungen von Giroguthaben, die schließlich auch Depositen seien, in Schwierigkeiten geraten; durch Schutzgesetze könne man daran nichts ändern. Im übrigen habe jede Anregung zu einer gesetzlichen Regelung der Frage schon deshalb große Bedenken, weil erfahrungsmäßig die Gesetzentwürfe im Reichstage Veränderungen erführen, die mit ihren ursprünglichen Zwecken geradezu im Widerspruche ständen. Es sei aber auch gar nicht zutreffend, daß bei den Großbanken wirkliche Depositengelder in erheblichem Umfange hinterlegt wären; hierfür kämen überall die Sparkassen viel mehr in Betracht. Da letztere aber meist unter amtlicher Aufsicht ständen, so seien die Verluste der Öffentlichkeit an Spargeldern gar nicht so groß, wie man anzunehmen pflege. Die großen Institute vermöchten sich auch bei drohender Gefahr besser zu helfen, wie die kleinen. Die Sicherheit unserer Kreditorganisation hänge zu einem sehr wesentlichen Teile von der Tüchtigkeit und Zuverlässigkeit der Geschäflsleiter ab.

Aber keine gesetzliche Vorschrift vermöge gegen Mißgriffe oder verbrecherische Maßnahmen von deren Seite zu schützen, wohl aber bestehe die Gefahr, daß jede auf gesetzlichen Vorschriften beruhende Einmischung deren Tätigkeit lähmen werde. Bei den Genossenschaften und Sparkassen beständen bereits Kontrolinstanzen; sie zu vermehren liege kein begründeter Anlaß vor. Der ohnehin durch die Börsengesetzgebung schon arg geschädigte Stand der Privatbankiers würde aber durch neue gesetzliche Experimente der Existenzmöglichkeit nahezu beraubt werden, soweit solide, gewissenhaft handelnde Personen in Betracht kämen. Offenbare Schwindler würden aber durch ein neues Gesetz so wenig in der Ausbeutung des Publikums gestört werden, wie durch die vorhandenen (Wachler S. 17; Singer S. 29; Weber S. 34 u. 111; Schinckel S. 55; Schmidt S. 69; Kämpf S. 128; Riesser S. 77ff.; Mommsen S. 20; Frhr. v. Gamp S. 22).

Im Gegensatze hierzu wurde von einer Anzahl von Kommissionsmitgliedern der Standpunkt vertreten, daß Schutzmaßnahmen nicht oder nicht ganz zu verwerfen seien. Von manchen Seiten wurden sie sogar als notwendig, mindestens aber als zweckmäßig bezeichnet. Freilich gingen über das Maß und die Art der Einmischung die Ansichten ziemlich weit auseinander. Während von verschiedenen Seiten gesetzliche Schutzvorschriften für erforderlich erachtet wurden, bezeichnete man es andrerseits, unter ausdrücklicher Ablehnung jedes Eingreifens der Gesetzgebung, für ausreichend, wenn durch die Ausgestaltung bereits vorhandener oder durch Schaffung neuer Einrichtungen behufs Gesunderhaltung der Kreditorganisation Vorsorge für die Sicherheit und Liquidität der fremden Gelder bei Bank- und ähnlichen Instituten getroffen würde. Diesen Standpunkt nahmen erklärlicherweise auch manche Mitglieder ein, die grundsätzlich gegen jede Einmischung waren. Gegenüber dem Bedenken, daß eine völlig negative Haltung gerade die Einleitung unerwünschter, weil schädlicher Maßnahmen zu fördern geeignet sei, fanden sich diese Mitglieder eben veranlaßt, unter Wahrung ihrer prinzipiellen Stellung Maßregeln zu befürworten, die das Ziel vermehrten Schutzes der fremden Gelder verfolgten, ohne daß die Klinke der Gesetzgebung in Bewegung gesetzt zu werden brauchte.

Der weitgehendste Vorschlag der Einmischungsfreunde lief auf die Schaffung eines staatlichen Aufsichtsamts für das Bankwesen hinaus. Der Gedanke, die Überwachung der Kredit- und Geldinstitute einer besonderen Behörde zu übertragen, war schon längere Zeit in der Literatur und der Fachpresse erörtert worden. Insbesondere hatte Adolph Wagner eine derartige Einrichtung gefordert; später hatte sie namentlich in Obst einen Befürworter gefunden. Auch im Reichstage gewann die Anregung Freunde. In der Kommission zur Beratung des letzten Bankgesetzentwurfs (Session 1907/9) war sogar eine Resolution eingebracht worden, welche die Vorlegung eines Gesetzentwurfs forderte, durch den eine Ausgestaltung des Aufsichtsamts für Privatversicherung zu einem Aufsichtsamt für Bankwesen erfolgen sollte. Das jetzt vorhandene Aufsichtsamt für Privatversicherung sollte zu einer Abteilung des neuen Amtes werden, und es sollte zu dieser Versicherungsabteilung eine weitere Abteilung zur Kontrolle der Richtigkeit des von den Depositenbanken monatlich zu veröffentlichenden Status treten. Zwar wurde diese Resolution ebenso wie eine an ihrer Stelle eingebrachte andere Resolution mit etwas engerem Ziel — der zu schaffenden Kontrollstelle sollte nur die Prüfung der Richtigkeit der in angemessenen Zeiträumen zu veröffentlichenden Übersichten der sogenannten Anreißbankiers und -banken obliegen — zurückgezogen. Aber aus dem Berichte der Kommission (Nr. 1384 der Drucksachen) im Zusammenhalt mit den Ausführungen des Berichterstatters Dr. Faßbender in der Reichstagssitzung vom 14. Mai 1909 läßt sich doch unschwer erkennen, daß der Gedanke der Schaffung eines Aufsichtsamts an Boden gewonnen hatte. In der Bankenquetekommission trat, wie zu erwarten, Wagner sehr lebhaft für die Verwirklichung seines alten Vorschlags ein. Allerdings ergaben seine Ausführungen (S. 48/49), daß er dem Aufsichtsamte nur die formale Prüfung der Bankausweise übertragen will. Indessen ist doch ohne Schwierigkeit zu erkennen, wie weitgreifend Wagner sich in Wahrheit den Einfluß dieser „sachverständigen Behörde“ vorstellt oder doch zuerst vorgestellt hat. Sie soll nämlich auch „auf eigentümliche, vielleicht bedenkliche Momente in den Anlagen und Geschäften (der Banken) aufmerksam machen, sich darüber ein Urteil erlauben, aber dabei nicht materiell hindernd eingreifen. Vielleicht könnte man damit eine weitere Einrichtung verbinden, wenn einzelne Banken sich beschwert fühlen, daß eine Berufungsinstanz gegen die Aussprüche eines solchen Aufsichtsamts geschaffen würde“ (S. 87). Das Aufsichtsamt, welches Wagner vorschwebt, ist sonach als eine amtliche Stelle zu denken, welche berufen wäre, die Durchführung von Maßregeln zu überwachen, über welche die Banken sich beschwert fühlen könnten, d. h. wohl von behördlichen Anordnungen. Wagner steht auf dem Standpunkte, es müsse einer gewissen Maßlosigkeit in der Entwicklung der Kreditbanken gesteuert, die Regellosigkeit der Produktion müsse beschränkt werden, die durch das Verfahren der Banken gegenüber der Industrie begünstigt wird. Es sei nötig, dieser Entwicklung retardierende Gewichte anzuhängen, sonst führe sie zu häufigen Krisen. Man solle auch die Möglichkeit politischer Krisen nicht unberücksichtigt lassen. Die Nichteinmischungstheorie entspreche dem Standpunkte, den man vor 30, 40 und 50 Jahren eingenommen habe, den die Theorie schon lange, den aber auch bereits die Praxis verlassen habe (S. 44). Wagner verweist darauf, daß die Hypothekenbanken unter staatlicher Aufsicht ständen, daß das Aufsichtsamt für Privatversicherung seit Jahren bestehe, ein Beweis dafür, wie sich die Vorstellungen über Aufsichtsrechte und -pflichten des Staates seitdem verändert hätten. Der Einwand, die Kontrolle durch das Bankaufsichtsamt, zumal eine nur formale, bedeute ein Mißtrauen gegen die Bankleiter und die Verwaltungen, könne nicht gelten. Man dürfe nicht eine zu weitgehende Empfindlichkeit in Dingen dieser Art kundgeben. Beispielsweise müsse sich doch auch jedermann die Prüfung seiner Steuererklärung auf ihre Richtigkeit gefallen lassen (S. 121), ohne darin eine Beleidigung erblicken zu dürfen. Auch die Notenbanken unterständen einer beaufsichtigenden Gesetzgebung.

Innerhalb der Kommission blieb Wagner, trotz warmer Verteidigung seines Standpunktes, allein. Manche Redner näherten sich ihm zwar. So erklärte Freiherr v. Cetto, der sich ursprünglich den Gegnern des Aufsichtsamts angeschlossen hatte (S. 52), die Kontrolle der Kreditanstalten — offenbar im weitesten Sinne des Wortes — sei immerhin ein Gegenstand, über den sich reden lasse, jedoch werde die Ausübung dieser Kontrolle in der Praxis schwerlich durchführbar sein. Überdies werde ein einziges Aufsichtsamt für das Deutsche Reich nicht ausreichen, es müßte mindestens für jeden Bundesstaat ein derartiges Amt eingerichtet werden, und diese Ämter würden sich vielleicht in einer Zentralbehörde konzentrieren müssen. Ob aber ein solcher Beamtenkörper sich wirklich schaffen lassen und mit Erfolg arbeiten werde, scheint Freiherr v. Cetto selbst zu bezweifeln (S. 137/38). — Noch weiter als Wagner geht Freiherr v. Wangenheim, der seine Anschauungen über die Materie schon im ersten Abschnitte der Bankenquete eingehend dargelegt hatte. An den Beratungen über die Frage des Depositenwesens konnte Herr v. Wangenheim nicht teilnehmen, es lag von ihm aber eine vom Vorsitzenden verlesene schriftliche Erklärung vor, die sich an die früheren Äußerungen eng anlehnte. Hiernach wird die Schaffung eines Reichskontrollamts für die Banken und den Kreditverkehr gefordert, als dessen Aufgabe in erster Linie die Verhütung von Krisen zu denken wäre. Die verantwortliche Leitung, der ein reichliches Entgelt bewilligt werden könnte, müßte jedoch aus dem Amte scheiden, wenn ihr nicht gelänge, die Wiederkehr neuer Krisen zu verhüten, es sei denn, daß die gesetzgebenden Faktoren auf die Durchführung von Reformvorschlägen, die jene leitende Stelle gemacht hat, nicht eingegangen wären (S. 19/20).

Im übrigen wurde der Gedanke eines staatlichen Aufsichtsamts allerseits abgelehnt, von vielen Rednern auch scharf bekämpft (Wachler S. 18; Gontard S. 28; Singer S. 30 u. 145; Ströll S. 97; Lexis S. 99; Mommsen S. 108; Weber S. 113; Kämpf S. 128; Riesser S. 133; Schmidt S. 154; Freiherr v. Gamp S. 162; Schinckel S. 119; Peter S. 120; Raab S. 149.) Graf v. Kanitz verspricht sich keinen großen Erfolg von einem Aufsichtsamt über die Bilanzveröffentlichung (S. 38) und lehnt es ebenfalls ab (S. 167). Heiligenstadt hält das staatliche Aufsichtsamt zurzeit nicht für zweckmäßig (S. 166). — Von den Rednern wurde gegen das Aufsichtsamt sonst etwa folgendes eingewendet. Es müsse bestritten werden, daß sich die Schöpfung eines solchen Amts aus einer Analogie mit den Hypotheken- und Versicherungszweigen rechtfertigen lasse. Die Verhältnisse lägen da ganz anders. Die Hypothekenbanken gäben Pfandbriefe mit öffentlichem Glauben aus; in der Versicherung handle es sich um sehr langsichtige Risiken bei verhältnismäßig einfachen und gleichartigen Geschäftsformen. Im Kreditbankwesen bedürfe man keiner staatlichen Bevormundung. Sie sei nur geeignet, nachteilig zu wirken, indem sie das Publikum in Sicherheit wiege und dessen Unselbständigkeit fördere, andrerseits aber vielleicht die Bankoperationen lähme durch schematische Geschäftshandhabung. Dazu komme, daß eine nur formale Kontrolle ohne jeden greifbaren Zweck bleiben müsse, denn entscheidend sei die Qualität, nicht die Quantität. Die Ausübung einer materiellen Aufsicht über etwa 400 Banken sei aber physisch unmöglich. Schon bei einer großen Bank erfordere sie Monate. Sodann sei zu bedenken, daß zu einer in den Kern der Dinge dringenden Prüfung nur verhältnismäßig wenige Personen mit der genügenden Sachkenntnis und Erfahrung ausgerüstet seien, diese wenigen aber schwerlich geneigt sein würden, mit den ihnen aus solchem Amt winkenden Einkünften sich zufrieden zu geben. In wirtschaftlichen Dingen habe die Bureaukratie fast immer versagt und verliere sich leicht ins kleinliche. Gerade die Geschäftsführung des Aufsichtsamts für Privatversicherung spreche gegen die Übertragung dieser Einrichtung auf das Gebiet des Kreditbankwesens. Man behaupte, daß jenes jetzt ordentlich nach Arbeit suchen müsse. Auch im Hypothekenbankwesen habe die Staatsaufsicht nicht vermocht, Katastrophen vorzubeugen. Der Wagemut und Unternehmungsgeist, ohne den die erfolgreiche Führung großer Kreditinstitute nicht denkbar sei, laufe Gefahr, durch ein staatliches Aufsichtsamt unterbunden zu werden, zugunsten einer ängtlichen Einengung in Formvorschriften, die niemals Gefahren abwenden würden. — Bedenken wurden auch laut gegen die mit der Einrichtung des Aufsichtsamts verknüpfte Vermehrung des Beamtenheeres, des ferneren gegen das Eindringen in private Verhältnisse, zu dem die Geschäftsführung eines solchen Amtes leicht Anlaß geben könnte. Nicht zuletzt sei auch zu befürchten, daß manche der gegenwärtig zur Ausübung der Aufsicht über die Geldinstitute berufenen Stellen nach der Einrichtung eines staatlichen Aufsichtsamts lässig werden und es mit der Wahrnehmung ihrer Pflichten nicht mehr so streng nehmen würden, wie es notwendig sei. — Wenn gesagt worden ist, daß im wesentlichen schließlich nur noch Wagner das geplante staatliche Aufsichtsamt vertrat, so darf doch nicht unerwähnt bleiben, daß die (später zu behandelnde) Anregung von Roland-Lücke (vgl. S. 77 ff.), nach der eine Art von privatem Bankbeirat eingesetzt und diesem ein gewisses Maß von beaufsichtigenden Obliegenheiten übertragen werden soll, vielleicht nicht ohne Einfluß auf die Haltung einiger Kommissionsmitglieder geblieben ist. Manche Äußerungen lassen die Deutung zu, daß der Redner an sich eine Aufsichtsstelle für notwendig oder nützlich erachte, aber der privaten vor der staatlichen den Vorzug gebe.

Eine weitere Anregung ging dahin, den Depositengläubigern der Kreditinstitute auf dem Wege des Erlasses besonderer Normativbestimmungen eine erhöhte Sicherheit zu verschaffen. Unter Normativbestimmungen in diesem Sinne ist kaum etwas anderes zu verstehen als ein Reichsdepositengesetz, vielleicht ohne Anwendung dieses Namens, aber doch der Sache nach. Die unbestimmte Kennzeichnung führte dazu, daß auch die Diskussion sich in ziemlich schattenhaften Umrissen bewegte. Sie erstreckte sich eigentlich auf alle Maßnahmen, die auf Sicherstellung und Liquidität der fremden Gelder hinzielten, sofern nur eine Möglichkeit bestand, sie zu gesetzlichen Normen zu verarbeiten.

Naturgemäß stand auch in diesem Falle die Nichtunterscheidbarkeit der Depositen von den übrigen fremden Geldern im Vordergrunde, und die Schwierigkeit, unterscheidende Merkmale festzustellen, führte zu denselben Schlüssen. Daß die Festsetzung von Normativbestimmungen im übrigen von allen Gegnern eines, wie auch immer gearteten gesetzlichen Eingreifens bekämpft wurde, bedarf nicht der besonderen Hervorhebung. Als solche traten Raab (S. 148), Schmidt (S. 153), Mommsen (S. 106), Wachler (S. 104), Peter (S. 53), Riesser (S. 83), Lücke (S. 100), Schinckel (S. 59 u. 116), Weber (S. 111) hervor, Mommsen allerdings mit der Beschränkung, daß er zurzeit gegen eine gesetzliche Regelung sei. Speziell gegen den Erlaß von Normativbestimmungen wandten sich Wachler (S. 17 u. 76), Ströll (S. 93), Schinckel (S. 116), Schmidt (S. 153). Freiherr v. Cetto, der ursprünglich erklärt hatte, allenfalls in der Lage zu sein, unter Vorbehalt dem Erlaß von Normativbestimmungen seine Zustimmung zu erteilen (S. 53), nahm später einen mehr ablehnenden Standpunkt ein (S. 138); seine Stellungnahme ähnelte etwas derjenigen seines Landsmanns Ströll, der zuerst auch nicht völlig abgeneigt schien, sich mit gesetzlichen Maßregeln auf dem Gebiete des Depositenwesens abzufinden, wenn sie nicht zu tief eingriffen (S. 27). — An Gründen wurden, abgesehen von den sich gegen gesetzgeberische Versuche auf diesem Gebiete überhaupt richtenden, im wesentlichen folgende gegen die Anregung geltend gemacht. Normativbestimmungen würden besonders zum Nachteile der Provinzbanken und der Privatbankiers gereichen; sie würden die Bankenkonzentration befördern und damit schließlich der Allgemeinheit mehr schaden wie nützen. Für Kreditgenossenschaften und Sparkassen beständen bereits gewisse Normativbestimmungen; für die Banken dergleichen einzuführen, sei aber nicht ratsam. — Für den Gedanken traten nur Frhr. v. Gamp (S. 22) und Heiligenstadt (S. 43) ein, während Gontard (S. 27) zwar gesetzlichen Maßnahmen zuneigte, eine ausdrückliche Erklärung aber nicht abgab. Bei Wagners Stellung zu dem ganzen Problem dürfte es außer Zweifel stehen, daß er zu den Freunden von Normativbestimmungen zu zählen ist. Hat doch gerade er in seiner temperamentvollen Weise seinen Empfindungen darüber Ausdruck gegeben, daß von den Herren der Praxis jeder Eingriff der Gesetzgebung „beinahe ganz a limine abgewiesen" werde (S. 124). — Frhr. v. Gamps Ansicht ging dahin, daß für alle Forderungen an Banken, die ohne Kündigung oder mit ganz kurzer Frist fällig werden — also nicht nur für die eigentlichen Depositengelder — Normativbestimmungen erlassen werden sollten. Heiligenstadt ging weiter. Er glaubt, daß der Regelung durch Normativbestimmungen auch die Fragen der Bilanzaufstellung und -veröffentlichung, der Minimalbardeckung sämtlicher fremden Gelder, unter Umständen auch der Umfang der zu gewährenden Akzeptkredite unterworfen werden sollten. Es entspricht das seinem mehrfach entwickelten Standpunkte, daß den Bankkreditoren im Hinblicke auf das öffentliche Interesse eine weit größere Bedeutung zukommt als den Depositen und vor allen Dingen den Spargeldern. Hinsichtlich dieses Punktes vertritt Schmidt (S. 153) die gleiche Ansicht. Im übrigen sollte nach Heiligenstadt in diese Materie nicht allzu scharf durch gesetzliche Maßnahmen eingegriffen werden, wenn es sich irgend vermeiden ließe (S. 39). — An dieser Stelle wäre noch davon Notiz zu nehmen, daß Peter (S. 54) mit einiger Schärfe den von Professor Warschauer herrührenden Entwurf zu einem Reichsdepositengesetze ablehnt.

Wenn auch das Thema der Normativbestimmungen hiermit der Form nach erschöpft war, so bildete es doch aus den oben entwickelten Gründen den Ausgangspunkt für Vorschläge und Anregungen aller Art. Es war auch wohl die Frage wegen des Erlasses von Normativbestimmungen den Sachverständigen gegenüber nur als eine, vielleicht die wichtigste, der erforderlichenfalls zu ergreifenden gesetzlichen Maßnahmen bezeichnet worden.

Schon der aufgestellte Fragebogen ließ aber erkennen, wie vielgestaltig die hier in Betracht kommenden Möglichkeiten sind.

Wegen der hervorragenden Rolle, die der Vorschlag, die Annahme von Depositengeldern auf besondere Institute zu beschränken, von jeher in dem wissenschaftlichen Streite über unser Bankwesen gespielt hatte, wurde zunächst diese Frage zur Erörterung gezogen. Es gelang aber nicht, zu einer annähernden Übereinstimmung zu kommen. Nur im negativen Sinne kam man insofern zu einem Ergebnis, als für eine derartige Beschränkung im strengen Wortsinne, also für das Verbot der Annahme von Depositengeldern für gewisse Institute, im heutigen Rahmen des Bankwesens sich niemand aussprach. Ausdrücklich bekannten sich als Gegner derartiger Maßnahmen Weber (S. 111 u. 112), Lexis (S. 55), Peter (S. 53 u. 120), Ströll (S. 93), der besonders betonte, daß beispielsweise der Ausschluß von Privatbankiers ungerechtfertigt sein würde. Raab (S. 148) und Schmidt (S. 153) verschließen sich nicht der Erkenntnis, daß die sog. „wilden" Bankiers, welche vielfach unter Zusicherung übertrieben hohen Zinses Kapitalien aufnehmen, eine Gefahr bedeuten. Aber während Raab wünscht, daß es gelänge, diese Leute direkt lahm zu legen, ist Schmidt der Ansicht, daß hier nur durch Belehrung gewirkt werden könne. Selbst Heiligenstadt ist zurzeit entschieden gegen eine Trennung der Depositen- von den Effektenbanken (S. 42), wenngleich er „der historischen Entwicklung Raum lassen" will und glaubt, daß wir doch noch zu (reinen) Depositenbanken kommen werden. Wagner betrachtet die Frage der Trennung als offen (S. 43); in absehbarer Zeit ist diese Trennung nach seiner Ansicht nicht zu erreichen (S. 87 u. 88). — Lexis (S. 98) hebt noch besonders hervor, wie bedenklich die Beschränkung der Annahme von fremden Geldern auf die Genossenschaften und Sparkassen wirken würde, falls man jene etwa auch auf solche Institute ausdehnen wollte.

Ob die Tatsache, daß schon in der Reichstagskommission zur Beratung des Bankgesetzes sämtliche Mitglieder einstimmig der Ansicht gewesen sind, es würde heute nicht mehr möglich sein, die Depositenbanken von den Emissionsbanken zu trennen, und ferner die Erklärung des Kommissars des Staatssekretärs des Innern, wonach gegenwärtig nicht beabsichtigt werde, eine derartige Trennung vorzuschlagen (Havenstein, S. 11), für die Haltung der Enquetekommission von Einfluß gewesen ist, läßt sich nicht bestimmen. Es liegt aber auch kein Anhalt für eine derartige Vermutung vor. Bei vorhandener starker Neigung zur Einleitung einer Reform des Bankwesens im Sinne der Trennung der Depositenbanken von den übrigen wäre vermutlich eine gewisse Betonung der ebenfalls vielerörterten Frage eingetreten, ob die Errichtung von staatlichen Depositenbanken zu empfehlen sei. Aber auch in bezug auf diese Frage gab es keine erheblichen Meinungsverschiedenheiten in der Enquetekommission. Für den Gedanken ohne Einschränkung sprach sich niemand aus. In gewisser Hinsicht vertraten ihn aber die Mitglieder Schmidt und Frhr. v. Gamp. Nach Schmidt (S. 156) wäre die Errichtung von Reichs- und staatlichen Depositenkassen anzustreben, deren Aufgabe in der Aufnahme von Buchschulden mit etwa einjähriger Kündigungsfrist behufs Ausschaltung von Kursverlusten auf Staatspapiere bestehen sollte. Aber Schmidt selbst ist nicht frei von Bedenken gegen diese Art der Kontrahierung von Staatsschulden. — Frhr. v. Gamp entwickelt einen in manchen Punkten ähnlichen Gedanken. Er will (S. 161/2) ein Reichsinstitut (keine Reichsdepositenbank) errichten, an deren Verwaltung alle Institute (Banken, Genossenschaften, Sparkassen) beteiligt sein sollen, welche Spareinlagen und kurzfristige Gelder annehmen. Sie hätten an das Reichsinstitut entsprechende Barmittel zur Sicherung dieser Schulden abzuführen. Auch von öffentlichen Kassen soll das Institut Depositengelder anzunehmen haben; die gleiche Verpflichtung für Privatgelder bleibt offen. Die Einlagen hätten zu geschehen auf frühestens dreimonatliche Kündigung und gegen geringen Zins — etwa 3 % —. Über die Depositen wären Schuldverschreibungen (Anerkenntnisse) auszustellen. Der Verwaltung soll ein Ausschuß zur Seite stehen. (Vgl. S. 60/61). Dieses Institut würde auch in der Lage sein, der Reichsbank zu helfen, so daß diese in Fällen der Not nicht in die Lage der Bank von England zu kommen brauchte, welche mehrfach die Unterstützung der Bank von Frankreich in Anspruch genommen hat. Es würde auf diese Weise eine Goldreserve von etwa 200 Millionen Mark geschaffen werden.

Gegen die Errichtung staatlicher Depositenanstalten äußerten sich Heiligenstadt (S. 42), Mommsen (S. 110), Weber (S. 112), Peter (S. 120), Kämpf (S. 127/8), Singer (S. 144). — Gontard (S. 130) beschränkte sich auf die Bemerkung, staatliche Depositenanstalten würden nicht rentieren; Raab (S. 148) meinte, mit derartigen Anstalten würde man nur einigen Beamten ein bequemes Leben schaffen; Wachler (S. 18) und Lexis (S. 99) hätten gegen Anstalten dieser Art nichts einzuwenden, verneinten aber das Bedürfnis und äußerten Bedenken wegen der gegen die Privatbankiers entstehenden neuen Konkurrenz.

In einer gewissen Beziehung zu dem Problem der Schaffung von reinen Depositenbanken privaten oder staatlichen Charakters, oder, was gleichbedeutend wäre, der Absonderung des Depositengeschäfts aus dem sonstigen Bankbetriebe, steht die in der Enquetekommission erörterte Frage, ob eine Beschränkung der Annahme von Depositengeldern etwa in bezug auf die Höhe ratsam sei. In Betracht käme ein Verhältnis zum Betrage der eigenen Mittel der beteiligten Stellen oder zu der Gesamtsumme der fremden Gelder. Auch hierfür fand sich wenig Neigung. Als einziger sprach sich Frh. v. Gamp für den Gedanken aus, daß die jederzeit rückzahlbaren oder mit kurzer Kündigung aufgenommenen Kapitalien nur einen gewissen Prozentsatz der eigenen Mittel der betreffenden Institute betragen dürften (S. 163); die früher geäußerten, etwas weitergehenden Ansichten, namentlich betreffs eines Verhältnisses zwischen kurzfälligen Einlagen zu den gesamten Einlagen (für Sparkassen usw.) (S. 22) sind anscheinend vom Redner fallen gelassen. Alle anderen Mitglieder wendeten sich gegen die Anregung, zum Teil mit Schärfe. Frhr. v. Cetto (S. 50/51) und Raab (S. 148) betonten die Schäden, die die Durchführung der Idee für den ländlichen Depositenverkehr und die Entwicklung des Genossenschaftswesens mit sich bringen würde; Peter (S. 120) glaubt, daß damit auch eine Verteuerung des Zinses für wirtschaftlich schwache Kreise verknüpft sein würde. Mit großem Nachdrucke taten Schinckel und Mommsen die technische Unausführbarkeit des Gedankens dar (S. 59 bzw. 146 u. 106). Sie führten aus, daß eine Bank gar nicht in der Lage sei, auf die Höhe der ihr anvertrauten fremden Gelder einen bestimmenden Einfluß auszuüben. Wolle sie nicht unleidliche Verhältnisse herbeiführen, so könne sie nicht Summen, die ihr beispielsweise von ausländischen Regierungen zur Verzinsung überwiesen würden, ganz oder teilweise deshalb zurückweisen, weil das vorgeschriebene Verhältnis zwischen fremdem Gelde und Eigenkapital sonst überschritten werden würde. Der Vergleich mit den Hypothekenbanken, bei denen ein bestimmtes Verhältnis zwischen Pfandbriefausgabe und Eigenkapital gesetzlich festgelegt wäre, sei nicht zutreffend; im übrigen bleibe für die Aktieninstitute immer noch das Mittel der Kapitalerhöhung, das aber in der Überspannung zu wirtschaftlich recht bedenklichen Folgen führen dürfte. — Weber (S. 111), Kämpf (S. 128), Schmidt (S. 153) und Lexis (S. 55 u. 97) lehnten den Gedanken glatt ab. Betont wurde, wie das mehrerwähnte Beispiel der oldenburgischen und mecklenburgischen Banken zur Genüge dartue, daß die Annahme von fremden Geldern auch im Vielfachen des haftbaren Vermögens noch lange keine unsolide Gebarung darstelle. Man verweise auch so häufig auf das angeblich zweckmäßiger eingerichtete englische Bankwesen; gerade innerhalb desselben sei aber das Verhältnis des tatsächlich eingezahlten Eigenkapitals zu den fremden Geldern bekanntlich wesentlich ungünstiger als bei uns.

An dieser Stelle dürfte noch zu erwähnen sein, daß Lexis (S. 14) der richtigen Abmessung der Kontokorrentdebitoren zu den -kreditoren eine hohe wirtschaftliche Bedeutung beilegt und sie für wichtiger hält als manche andere Frage. — Sodann ist Heiligenstadt (S. 166) der Ansicht, daß zwischen den Akzepten der Banken und ihrem Eigenkapital ein bestimmtes Verhältnis eingehalten werden müsse. — Endlich äußerte Singer (S. 30) den Gedanken, man könne vielleicht den Instituten, welche Kreditgeschäfte machen, die Verpflichtung auferlegen, nicht über einen ihrem Kapital angemessenen Umfang in ihren Krediten und Geschäften hinauszugehen; beispielsweise dürfte ein Institut mit einer Million Mark Kapital seine geschäftlichen Unternehmungen nicht über drei Millionen hinaus ausdehnen. — Von anderer Seite sind diese Anregungen nicht aufgenommen worden.

Mehr Interesse zeigte sich für Anregungen, die auf eine Erhöhung des Liquiditätsstandes an sich, ohne Rücksicht auf die Eigenkapitalien, hinzielten, indem gewisse Deckungsvorschriften in Betracht gezogen wurden. Hierbei kam zunächst die Bardeckung in Frage, weiterhin das Halten von schnell flüssig zu machenden Deckungsmitteln in Form von diskontabeln

Wechseln und von Wertpapieren. Daß eine Erhöhung der Liquidität im allgemeinen erwünscht sei, war allerseits zugegeben worden; die einen hatten dabei aber die Sparkassen, andere — namentlich Wagner (S. 87) — die Großbanken besonders im Auge. — Bezüglich des Haltens eines höheren Barvorrats machte Lexis auf den Umstand aufmerksam, daß die Berliner Banken nur einen Kassenbestand von 6 % der fremden Gelder — wobei in den Barvorrat die Reichsbank-Giroguthaben eingerechnet seien — nachgewiesen hätten (S. 179). Auch Wagner (S. 45 u. 48) hatte schon darauf hingewiesen und den Prozentsatz der Barmittel zu den gesamten Aktiven auf 2—3 % beziffert. In diesem Punkte, in den ungenügenden Barreserven, erblickt Wagner eine große Schwäche nicht bloß der deutschen Kreditorganisation, sondern auch derjenigen der ganzen Welt. In England sähe man das auch schon ein. Der Praxis schwebe zu sehr die Entwicklung als Ziel vor, daß wir uns mehr und mehr vom Bargeld ablösten und auf Kreditwirtschaftsverhältnisse einrichten müßten. Ihm (Wagner) komme das englische Kreditsystem wie eine abgestumpfte Pyramide oder wie ein abgestumpfter Kegel vor, die auf ihrer kleinen Seite stehen. Die Entwicklung gehe so vor sich, daß die kleine Seite immer schmäler, der Umfang des Ganzen aber immer größer werde. Die Folge sei, daß das riesige Ding leicht ins Schwanken geriete. Bei uns entwickelten sich die Dinge ähnlich. Wir müßten mehr mit Krisen, Geldknappheiten, Beängstigungen rechnen. Seit hundert Jahren hätten wir, von 1866 abgesehen, keinen Krieg im Lande gehabt. Das dürfte aber doch nicht dazu führen, gar nicht mehr mit einer solchen Möglichkeit zu rechnen. — Auf einem ähnlichen Standpunkte stehen Schmidt (S. 153/54), Frhr. v. Gamp (S. 160), Graf v. Kanitz (S. 167/68) und Heiligenstadt (S. 165). Auch Lexis betont die Notwendigkeit, stärkere Kassenbestände zu halten (S. 98 u. 179); Raab (S. 148) bezeichnet sie wenigstens als recht wünschenswert. Wagner, dem offenbar der Gegenstand sehr am Herzen liegt und der ihn für außerordentlich wichtig hält und immer wieder die Notwendigkeit der erhöhten Kassenhaltung betont, stellt die Forderung auf (S. 46), die Großbanken sollten 10% der bei ihnen hinterlegten täglich fälligen Gelder in barer Kasse halten, mindestens in Form eines Guthabens bei der Reichsbank; den gleichen Satz von 10% hält Heiligenstadt (S. 165) für alle täglich oder innerhalb acht Tagen kündbaren fremden Gelder für erforderlich. Wagner betont übrigens, daß auch bezüglich der Genossenschaften und der Sparkassen das Halten etwas größerer Barvorräte verlangt werden könnte. — Einen abweichenden Standpunkt nahmen Mommsen (S. 106), Schinckel (S. 57), Ströll (S. 93) und Weber (S. 112) ein. Sie hoben hervor, daß die bare Kasse innerhalb der Bankmittel gar nicht die ausschlaggebende Rolle spiele, die man ihr beimesse. Nicht aus Mangel an Bargeld, sondern an ihren schlechten Aktiven seien die Banken zugrunde gegangen. Gerade bei den Bankbrüchen der letzten Jahre hätte sich verhältnismäßig viel Geld in den Kassen befunden. Solange eine Bank Kredit habe, bekäme sie so viel bares Geld, als sie gebrauche. Zwangsvorschriften in bezug auf große Barreserven würden ihren eigentlichen Zweck nicht erreichen, wohl aber würde der Depositalzinsfuß gedrückt, es würden die Banken zu riskanten Unternehmungen gedrängt werden. Mit dem kühn vorwärtsstrebenden Zuge unserer modernen Volkswirtschaft seien Vorschriften dieser Art nicht in Einklang zu bringen. Jede Festsetzung eines Mindestsatzes müsse willkürlich sein, schon weil die Bedürfnisse ja nach den Orten und der Art der Kundschaft ganz verschieden seien. Schematisch ließe sich das nicht einmal innerhalb einer Bankleitung regulieren. Man dürfe doch auch nicht wieder anfangen, eigene Gold-, Silber- und Banknotenbestände bei sich aufzubewahren, nachdem die allgemeine Richtung auf die Förderung des Überweisungs-, des Scheckverkehrs, auf bargeldsparendes Verfahren eingestellt worden sei. Es werde damit der Reichsbank sicher nicht gedient, und dem ganzen Wirtschaftskörper würden Barmittel fehlen. Kämpf (S. 170) führte überzeugend die technische Unmöglichkeit aus, gegenüber den stets wechselnden Verhältnissen einer Bank eine Mindestbardeckung durchzuführen. Wenn man heute einen Kassenbestand von 30 Millionen habe, und es kämen zwei Regierungen und höben ihre Guthaben ab, so verbliebe unter Umständen ein viel zu kleiner Betrag. Morgen, übermorgen sei das dann durch neue Kasseneingänge schon wieder ganz anders. Man könne als Bankleiter morgens, wenn die Kassendispositionen getroffen werden, niemals übersehen, wie sich im Laufe des Tages durch Ab- und Zugänge die Sache gestalten werde. Er habe in seiner Praxis Zeiten erlebt, wo, trotzdem die Gesamtlage seiner Bank eine glänzende gewesen sei, die Kassenbestände tage- und wochenlang so minimale waren, daß es ihn als Bankleiter gefreut habe, wenn keine neuen Kassenansprüche erhoben worden seien. Aber auch das Gegenteil sei oft eingetreten. Es sei eben praktisch unmöglich, irgendeinen Minimalbetrag für Kasse ziffernmäßig festzuhalten.

Eine reichliche Anlage der fremden Gelder in sichern Wechseln wurde von allen Mitgliedern, die zu diesem Punkte das Wort nahmen, als recht wünschenswert bezeichnet. Sie gelte, führte insbesondere Schinckel (S. 118) aus, selbstverständlich für die allererste Pflicht einer Bank. Aber entgegen Wagner, der (S. 48) eine Deckung der Depositengelder in Höhe von etwa 40% durch normale Wechsel fordert, legt Lücke (S. 63) dar, daß eine gesetzliche Vorschrift dieser Art sehr bedenkliche Folgen haben würde. Man müsse damit rechnen, daß, da die Wechselproduktion in Deutschland in wirtschaftlich stillen Jahren der gewöhnlichen Nachfrage kaum genügte, der gesteigerte Begehr einen unnatürlichen Druck auf den Privatdiskontsatz hervorrufen würde. Schon jetzt könnten die Diskontnehmer zuweilen monatelang ihren Bedarf nicht befriedigen. Die stark vermehrte Nachfrage nach Wechseln würde dazu führen, daß sich eine Neigung zu übermäßiger Ausdehnung der Geschäfte einstellte und damit die Häufigkeit von Krisen begünstigte. Im übrigen steht Lücke auf dem Standpunkte, daß die beste liquide Reserve ein vorzügliches Wechselportefeuille sei, eine Ansicht, die auch Ströll vertritt. Er nennt den Wechselbestand eine zinstragende Kasse (S. 94 u. 25). Allerdings müsse das Wechselmaterial einwandsfrei sein, d. h. bei Verfall eingehen oder sich bei der Reichsbank rediskontieren lassen. Ob diese Kriterien im allgemeinen von dem deutschen Wechselumlaufe gelten, ist nach Ströll eine Frage, die kaum verneint werden kann, obgleich es wohl nicht ganz aus der Luft gegriffen sei, wenn man an eine innere Verschlechterung durch nicht legitime Wechsel denke. Also auch Ströll hat Bedenken wegen einer Steigerung der Nachfrage auf dem Wechselmarkte.

Mit einer gewissen Wärme diskutierte die Kommission über die Anlagen in Staatspapieren und Wertpapieren überhaupt. Charakteristisch war dabei die an verschiedenen Stellen deutlich wahrnehmbare Neigung, eine so geartete Anlage nicht bloß hinsichtlich der Sicherheit, sondern auch der Liquidität auf eine Stufe mit dem Wechselportefeuille zu stellen. Diese Stimmung entlockte Schinckel (S. 118) den Stoßseufzer, es gehöre für einen Bankdirektor Überwindung dazu, „in gewissem Sinne nach der verkehrten Seite wirkende Maßnahmen in den Status hineinzubringen; er war bis dahin geschult, daß ihm ein großer Effektenbesitz als Mangel an Liquidität angekreidet wurde; er solle lieber mehr Wechsel in seinem Portefeuille haben". Im übrigen wendet Schinckel nichts gegen eine angemessene Verstärkung des Bestandes der Kreditbanken an Staatspapieren ein. Auf dem letzteren Standpunkte stehen auch Lexis (S. 99), Mommsen (S. 107), Weber (S. 112), Peter (S. 120), Kämpf (S. 128), Gontard (S. 129), Singer (S. 146), Raab (148). Wagner fügt seiner zustimmenden Äußerung die Bemerkung hinzu: „damit das Kapital nicht nur immer den Industrieanlagen und ähnlichen Unternehmungen zufließt und dem Reiche und Staate entzogen wird" (S. 125). Nebenher bezieht sich Wagner noch auf die Notenbankgesetzgebung der Vereinigten Staaten mit ihrem Effektendeckungsprinzip gegenüber der Notenemission. Schmidt, der ebenfalls das Halten größerer Staatspapiervorräte befürwortet (S. 154), nimmt an, daß bei deren gesonderter Aufführung in den periodischen Bankausweisen ein Wetteifer unter den Banken entstehen würde, „diese Art der sicheren Anlagen nicht zu gering ausfallen zu lassen".

Ein erheblicher Besitz an Staatspapieren wurde offenbar auch aus dem Grunde von verschiedenen Seiten für die Kreditinstitute als wünschenswert erachtet, weil man sich von der gesteigerten Nachfrage, die infolge der Maßnahme eintreten würde, eine günstige Einwirkung auf den Kursstand verspricht. Zweifellos haben manche Aussagen der Sachverständigen sich in dieser Richtung bewegt. Das ergibt sich u. a. aus den Wachlerschen Ausführungen (S. 17), in denen übrigens, im Gegensatze zu der Auffassung verschiedener Redner, die Meinung vertreten wird, daß eine in dieser Weise etwa bewirkte künstliche Hebung des Kurses im Falle einer Krisis um so größere Verluste für die Inhaber von Staatspapieren zur Folge haben würde. Wachler glaubt aber nicht, daß das Ziel in nennenswertem Maße gefördert werden würde, und kann keinen Rechtsgrund erkennen, die Banken deshalb zum Ankaufe von Staatspapieren zu veranlassen, weil ihnen Dritte gegen angemessene Zinsen Gelder zur Verwaltung und Benutzung überlassen. Ströll ist, wenigstens was die Sparkassen betrifft, nicht ganz dieser Meinung (S. 27). Er billigt die in Preußen für die Sparkassen erlassene, ohne Zweifel auf dem erwähnten Gedankengange beruhende Vorschrift, wonach die Sparkassen ihre Gelder in gewissem Umfange in Staatspapieren anzulegen haben. In Sachsen mußte, wie Weber (S. 112) mitteilt, eine ähnliche Bestimmung wegen des entschiedenen Widerstandes der Sparkassen einstweilen wieder zurückgezogen werden. Fischer (S. 151) regt bei dieser Gelegenheit die Wiedereinführung eines ermäßigten Lombardzinsfußes für Staatspapiere bei der Reichsbank an; er ist überzeugt, daß damit ein segensreicher Einfluß zugunsten der Beliebtheit der Staatspapiere ausgeübt werden würde. — Ströll legt bei den erwähnten Ausführungen wohl den Hauptnachdruck darauf, daß den Sparkassen in der Form von Staatspapieren ein jederzeit bei der Reichsbank beleihbares Aktivum zur Verfügung stehen würde, und er veranschlagt den Wert der sofortigen Beleihungsmöglichkeit offenbar hoch. Freiherr v. Gamp ist der Ansicht, daß man auf die Lombardierung von Staatspapieren bei der Reichsbank jederzeit mit Sicherheit rechnen könne (S. 22), ebenso wie man für Staats- und Kommunalpapiere, wenn man sie verkaufen wolle, jederzeit einen Käufer finde, im Gegensatz zu einem Wechsel, den man nicht stets begeben könne (S. 21). Weber (S. 114) verneint dagegen die Möglichkeit, größere Effektenbestände in kritischen Zeiten zu verkaufen, und meint, dann käme eben auch nur das Lombard bei der Reichsbank in letzter Linie in Frage. Auch Lücke stellt die glatte Verkäuflichkeit von Staatspapieren in schwierigen Zeiten in Abrede und erklärt zum Zwecke des Flüssigmachens von Geld den Wechsel für geeigneter. Im übrigen weist er darauf hin, daß eine Vorschrift zum Halten bestimmter Bestände in Staatspapieren nur dann einen Nutzen haben könnte, wenn zugleich die Hinterlegung der Papiere an einer sicheren Stelle dekretiert würde, damit sie in der Zwischenzeit nicht anderweit als Sicherheitsunterpfand Verwendung finden. Die schwierige Verkäuflichkeit in kritischen Zeiten betont neben Weber auch Kämpf (S. 128). Von Interesse ist noch der Wunsch von Weber (S. 112), daß, wenn es zu Vereinbarungen betreffs eines höheren Bestandes von Staatspapieren bei den Banken kommen sollte, auf die Verhältnisse der Bundesstaaten Rücksicht genommen werden solle, insofern z. B. die Oldenburger zu veranlassen wären, einen gewissen Teil in oldenburgischen Konsols zu halten, die Sachsen in sächsischen usw.

Eine ziemlich freundliche Aufnahme fand die Anregung, die Reservefonds in Staatspapieren anzulegen. Im Auge hatte man damit in erster Linie die gesetzlichen Reservefonds der Aktienbanken. Der Vorschlag stellt sich als eine Verengung und veränderte Anwendung der Idee dar, zur Bedeckung von fremden Geldern Staatspapiere in einem bestimmten Umfange zu verwenden, und durfte sich aus diesem Grunde schon der Zustimmung der Freunde jenes Gedankens erfreuen. Dabei blieb freilich die Frage offen, ob ein Zwang nach der erwähnten Richtung eintreten solle, der natürlich nur durch gesetzliche Maßnahmen bewirkt werden könnte. Es bedarf nicht der Hervorhebung, daß die Anhänger der Nichteinmischungstheorie auch in bezug auf diesen Vorschlag ihre grundsätzliche Stellung festhielten. Da es sich vermutlich aber darum handeln würde, daß nicht nur die gesetzlichen Reservefonds der Aktienbanken, sondern aller Aktiengesellschaften durch Staatspapiere zu belegen wären, so ist an eine entsprechende Abänderung der aktienrechtlichen Bestimmungen des Handelsgesetzbuches zu denken. Zurzeit, so führte Schmidt (S. 154) aus, sei der gesetzliche Reservefonds bei den Aktiengesellschaften, insbesondere bei den industriellen, nur eine Fiktion, er sei nur rein buchmäßig da und bestände in Schornsteinen und Maschinen, während doch der Gesetzgeber einen wirklichen Reservefonds habe schaffen wollen, auf den im Notfalle zurückgegriffen werden könne. Mommsen, der sich am eingehendsten mit dem Gedanken beschäftigt (S. 107), ist im Zweifel, ob die angeregte Maßnahme für Reich und Staat von großem Interesse sein würde. Allerdings würde eine entsprechende Neuordnung augenblicklich eine starke Nachfrage für Staatspapiere schaffen, da die gesetzlichen Reservefonds meist nicht besonders belegt seien, sondern im Geschäfte mitarbeiteten. Aber die Sache hätte doch nur den Charakter des Augenblickserfolges. Denn da die Ausgabe neuer Aktien mit hohem Agio zweifellos eine erhebliche Beschränkung erführe, weil die Anlage des mittels Agios aufgebrachten Geldbetrages in Staatspapieren eine Minderung des Gewinnerträgnisses gegenüber der Anlage im arbeitenden Geschäftsverkehr bedinge, so würde man später auf große Vermehrungen der gesetzlichen Reservefonds nicht rechnen dürfen. Immerhin aber sei die Anregung zu erwägen. Kämpf

(S. 128), Frhr. v. Gamp (S. 161) und Schmidt (S. 154/55) weisen darauf hin, daß eine Vorschrift nach der erwähnten Richtung nur denkbar sei, wenn dafür Sorge getragen werde, daß den Aktiengesellschaften nach dem Erwerbe der Staatspapiere keine Verluste durch Kursrückgang erwüchsen. Während aber ersterer mit Rücksicht hierauf die Anregung gänzlich verwirft, finden sich die beiden letzteren in dem Gedanken der Schaffung einer neuen Einrichtung in Form einer Art von Wertpapier-Umschreibestelle (Staats-Depositenkasse) zusammen, die das Eintreten jener Kursverluste verhindern soll (vgl. S. 34). Bei Bestehen einer derartigen Einrichtung würde Schmidt dafür eintreten, daß die gesetzlichen Reservefonds sämtlicher Aktiengesellschaften in Höhe von 10 % des Aktienkapitals ganz oder zur Hälfte in Staatspapieren anzulegen sind (S. 154). — Raab (S. 148) ist nicht ohne Bedenken gegen die Idee, während Schinckel (S. 119) es für eine Sache von ganz formaler Bedeutung erklärt, ob die im Aktivum nachgewiesene Effektenanlage Teil des Reservefonds sei. — Zu erwähnen ist noch die Bemerkung Mommsens (S. 107), daß natürlich die in Staatspapieren angelegten Reservefonds nicht angreifbar sein, d. h. nicht lombardiert werden dürften. Er bringt hier denselben Gedanken zum Ausdruck, den schon Roland-Lücke geäußert hat und auf den auch Gontard (vgl. S. 76) in einem anderen Zusammenhange kommt, den Gedanken, welche Wirkung die Verpfändung von Aktivwerten auf die Liquidität der beteiligten Institute und auf die Sicherheit der fremden Gelder ausübt.

Zu den Sicherungsmaßnahmen, die zugunsten der Einleger von Depositen und Spargeldern vorgeschlagen worden sind, gehört auch die gesonderte Verwaltung der letzteren und im Zusammenhange damit die Einräumung eines Vorrechts im Konkurse. Nahezu alle Redner, die diese Fragen berührten, erklärten sich als Gegner derartiger, im Wege der Gesetzgebung ins Leben zu rufender Einrichtungen. Lediglich Fischer (S. 72) tritt für Depositen mit gesetzlichem Vorrecht ein, muß aber gleich hinzufügen, daß man davon wohl nur wenig Gebrauch machen würde. (Vgl. S. 23.) Dagegen machte Ströll (S. 93/94) geltend, daß die Vorrechtseinräumung schon an dem Mangel einer genügenden Begriffsbestimmung für Spargelder und Depositen scheitern müsse. Sie benachteilige auch ohne rechten Grund die anderen

Gläubiger. Lexis (S. 98) hält die Möglichkeit nur bei gesonderter Verwaltung und Ausscheidung der Fonds für gegeben, die wiederum sehr viel kosten und verhindern würde, daß ein irgendwie erheblicher Zins für Spareinlagen bezahlt werden könnte. Zu einer Bevorzugung der Spargeldgläubiger sieht er keinen Anlaß. Mommsen (S. 107) hält das — im übrigen nach seiner Ansicht unklar definierte – Vorzugsrecht für eine erhebliche wirtschaftliche Gefahr. — Gegen die gesonderte Verwaltung an sich wenden sich Ströll (S. 93/94), Lexis (S. 98), Weber (S. 111), Kämpf (S. 128), Schmidt (S. 153), Peter (S. 120). Die ablehnende Haltung wird damit begründet, daß die Einrichtung wohl bei großen, nicht aber bei kleineren Banken durchführbar sei. Die von einem Sachverständigen berührte Gründung besonderer Abteilungen in unabhängiger Rechtsform entbehre des eigentlichen Zweckes. Bei einem Koloß, wie bei der Deutschen Bank, möge sie durchführbar sein, aber anderweit nicht. Vielleicht wäre aber auch die ganze Maßregel, obgleich sie im Grunde nur banktechnischer Natur sei, volkswirtschaftlich nicht richtig.

Der in der Literatur (von Alfred Lansburgh) entwickelte Gedanke, den notwendigen Schutz der Depositengläubiger in der Weise herzustellen, daß man in Zeiten der Ruhe ein Banksyndikat gründe, welches für die Depositenschulden solidarisch hafte, wird von Ströll (S. 95) erwähnt und freundlich kritisiert. Ströll ist der Ansicht, daß dieses Syndikat, das die Bereitstellung liquider Deckungsmittel besorgen und durch ständige Bereithaltung von Kassa, Schatzscheinen und namentlich Golddevisen jederzeit leicht realisierbare Reserven schaffen müßte, für unsere volkswirtschaftlichen Gesamtverhältnisse bedeutsam werden könnte. Ein Vorzug des Planes bestehe darin, daß für die Reservestellung eine gewisse, wenn auch nur mäßige Verzinsung gesichert wäre, und weil die Reichsbank weniger in Anspruch genommen würde, als es bei der Durchführung anderer Vorschläge der Fall wäre; es könne sich sogar um eine beträchtliche Entlastung der ersteren handeln.

Einen anderen Weg, die Depositen- und alle übrigen Gläubiger der Banken gegen Verluste zu schützen, deutete das Mitglied Gontard an. Von dem Satze ausgehend, daß die Aufsicht über eine Bank von innen heraus erfolgen müsse, regte er eine Reform des Aufsichtsratswesens an. Die heutige Entwicklung der Dinge führe irre. Das Publikum, nach der Bezeichnung der Einrichtung („Aufsichtsrat") urteilend und durch die in den Prospekten (kraft bestehender Vorschrift) erscheinenden Namen der vielfach in hoher Stellung und besten Vermögensverhältnissen befindlichen Mitglieder günstig eingenommen, glaube sich durch die Tätigkeit des Aufsichtsrats gedeckt. Und doch habe die Einrichtung in wichtigen Fällen (z. B. bei der Leipziger Bank) völlig versagt. Das liege aber vielfach daran, daß innerhalb der bestehenden Organisation dem einzelnen Aufsichtsratsmitgliede eine viel zu geringe Aufsichtsmöglichkeit gegeben sei. Auch in anderer Hinsicht seien die gesetzlichen Bestimmungen reformbedürftig, z. B. in dem Punkte, daß einzelne Personen eine viel zu große Anzahl von Aufsichtsratsstellen inne hätten, als daß es ihnen physisch möglich wäre, im einzelnen die ihnen obliegenden Aufsichtspflichten zu erfüllen. Ferner sei der Aufsichtsrat bei den Großbanken nicht selten geradezu vom Vorstande abhängig. Gerade diese Wahrnehmung habe in industriellen Kreisen zu der Anregung geführt, daß man sich zusammentun und die zur Verfügung stehenden Bankaktien einer Zentralstelle überlassen wolle. Auf Grund dieses Aktienmaterials solle diese Zentralstelle eine Kontrolle ausüben und auf die Aufsichtsratswahlen Einfluß nehmen, damit von den gewählten Personen nicht nur das Interesse der Großbanken vertreten, sondern auch volkswirtschaftliche und vaterländische Gesichtspunkte mehr als bisher bei den Verwaltungen der Großbanken in den Vordergrund gestellt würden (S. 28). Daß es sich bei dieser Anregung nicht etwa um verschärfte Strafbestimmungen handeln solle, hob Gontard gegenüber einem Einwurfe Schinckels ausdrücklich hervor (S. 64). Von anderer Seite (Weber S. 115) wurde bestritten, daß gerade bei den Großbanken der Aufsichtsrat sich in einer Abhängigkeit von der Direktion befinde. Die hier in Betracht kommenden Personen seien meist Herren von so hervorragender Position, daß sie sich alles andere eher, wie abhängig fühlten. Gerade derartige Persönlichkeiten seien aber durch ihre Beziehungen für die Großbanken vom höchsten Werte. Allerdings könnten sie sich nicht um Einzelheiten kümmern, nicht Rechnungen nachaddieren u. dgl. Freilich sei die Häufung von Aufsichtsratsstellen in einer Person nicht zweckmäßig und nicht zu billigen, denn der Inhaber zu vieler Stellen könne niemals alles genau ansehen. Der in Betracht kommende Redner lenkt die Aufmerksamkeit auf einen von einem Bankfachmanne herrührenden Vorschlag, der die Vornahme von Prüfungen durch Revisoren einführen will, die als selbständige Beamte direkt unter dem Aufsichtsrate stehen und ihre Revisionen lediglich im Sinne des Aufsichtsrats, unabhängig und frei von der Einwirkung der Direktoren, ausüben. Weber hält den Gedanken für sehr glücklich, denkt aber nur an eine nicht auf dem Wege der Gesetzgebung, sondern freiwillig eingeführte Einrichtung. — Der Sache nach in ganz ähnlichem Sinne spricht sich Frhr. v. Gamp (S. 162) aus, nur mit dem Unterschiede, daß er eine auf gesetzlichem Zwange beruhende Institution wünscht, wie sie sich bei den Genossenschaften bewährt habe. Gegenwärtig könne der Aufsichtsrat gar keine zuverlässige Kontrolle über die Geschäftsleitung führen. Auch nach Frhr. v. Gamp hängt oft die Wahl der Mitglieder geradezu von der Direktion ab. Wenn infolge Einsetzung unabhängiger Revisoren, deren Zuverlässigkeit geprüft sei, die Mitglieder des Aufsichtsrats Einblick in bedenkliche Sachen bekämen, dann würde das eine große Vorsicht in die Kreise des Aufsichtsrats hineinbringen, der sich seiner Haftbarkeit sicherlich klarer bewußt werden würde. Die von anderer Seite betonten Revisionen, welche auf Veranlassung der Bankdirektionen vorgenommen würden, könnten nicht mit den Revisionen durch unabhängige Organe verglichen werden. — Frhr. v. Gamp will sogar, daß die in den Prüfungsberichten der vom Aufsichtsrate bestellten Revisoren gezogenen Moniten und die Art und Weise ihrer Erledigung auch dem Reichsbankpräsidenten und dem Präsidenten des (S. 34 erwähnten) Reichsinstituts zur Kenntnis gebracht werden, damit diese Stellen über die Verwaltungsgrundsätze der Beamten zuverlässig informiert werden und auf die Beseitigung von Mißständen einwirken können.

Der Gedanke, abseits von den jetzt bei der Annahme von Depositen- und Spargeldern aller Art beteiligten Instituten, deren Verfassung nun einmal eine volle und unbedingte Sicherheit für die Rückzahlung nicht gewährleisten könne, eine völlig einwandsfreie Anlagestelle zu schaffen, hatte, wie bereits erwähnt, zur Erörterung der Frage der Errichtung einer Reichsdepositenanstalt oder staatlicher Anstalten dieser Art geführt. Im Verfolg dieser Erörterungen wurde auch die Annahme verzinslicher Depositen durch die Reichsbank in den Kreis der Besprechungen gezogen, obschon die Frage schon im ersten Teile der Enquete behandelt worden war. Anscheinend hielt man die Sache schon deshalb einer erneuten Durchprüfung für wert, weil sich für die Errichtung einer Reichsdepositenbank oder mehrerer staatlicher Anstalten dieser Art keine Mehrheit gefunden hatte und auch keine Aussicht bestand, daß bestehende Staatsinstitute, z. B. die Preußische Seehandlung oder die Zentralgenossenschaftskasse, sich zu Depositenanstalten um- oder ausbildeten. Bezüglich der Seehandlung hatte der Preußische Finanzminister eine ablehnende Erklärung abgegeben; hinsichtlich der Zentralgenossenschaftskasse machte deren Präsident, das Mitglied Heiligenstadt (S. 43), eine Mitteilung, wonach gegen die Umwandlung des Instituts in eine Zentraldepositenanstalt der Umstand spreche, daß sie in dieser Eigenschaft Filialen in der Provinz zu errichten haben würde, was mit seiner Verfassung und seinen Zwecken nicht vereinbar sei. — Es sprachen sich auch jetzt nahezu sämtliche Redner gegen die Annahme verzinslicher Depositen durch die Reichsbank aus, und es gewinnt den Anschein, daß auch fast alle gehörten Sachverständigen Bedenken geäußert und überzeugende Gründe gegen die Maßregel vorgebracht haben. Wachler (S. 18) deutet offen hierauf hin. Was von den übrigen Rednern — Heiligenstadt (S. 42), Ströll (S. 95/6), Lexis (S. 99), Mommsen (S. 111), Weber (S. 112), Schinckel (S. 119), Peter (S. 120), Kämpf (S. 127), Singer (S. 144), Schmidt (S. 154/5) — gegen die Anregung vorgebracht wurde, läuft im allgemeinen auf folgendes hinaus. Die verzinslichen Depositen würden für die Reichsbank in flüssigen Zeiten eine Last, in kritischen eine Gefahr bilden. Die Aufnahme oder vielmehr Wiederaufnahme dieses Geschäftszweiges hätte die unerwünschte Wirkung, daß die Sparkassen zugunsten der Reichsbank geschädigt und daß die Zentralisation des Depositenwesens gefördert werden würde. Die Reichsbank selber aber sähe sich gezwungen, diesem neuen Zweige des Passivgeschäftes gegenüber auch das aktive Kreditgeschäft in vermehrtem Umfange zu betreiben, was sie leicht mit ihrer wichtigsten Bestimmung, der Regelung des Geldumlaufs, in Widerstreit bringen könnte und jedenfalls ihrem Hauptzwecke nicht entspräche. Die Führung einer richtigen Bankpolitik wäre ihr in geldflüssigen Zeiten ohne Zweifel erschwert. Die Massenabforderung verzinslicher Depositen in erregten Zeitläuften könne sogar die Reichsbank in Gefahr bringen. Daneben laufe noch her, daß zu besorgen sei, es würden viele Girokunden der Reichsbank zu einer Umwandlung eines Teils ihrer z. Zt. unverzinslichen Giroeinlagen in verzinsliche Depositen schreiten, was die Reichsbank nicht unerheblich zu benachteiligen geeignet wäre. Von Lexis (S. 99) wurde noch die Möglichkeit erörtert, daß bei der Reichsbank eine besondere Abteilung für die Annahme von verzinslichen Depositen gebildet würde, die die eingehenden Gelder sämtlich in $3^1/_2$% Staatspapieren anzulegen hätte und etwa $2^1/_2$% Zinsen vergüten könne. Aber auch diesen Ausweg scheint Lexis nicht für sehr empfehlenswert zu halten.

Für den Vorschlag wurden Gründe nur spärlich geltend gemacht. Raab (S. 149) hält ihn für diskutabel, zumal es keines neuen Gesetzes zu seiner Durchführung bedürfe. Fischer (S. 72) erwähnt, daß auch Gründe zugunsten der Einrichtung angeführt werden könnten, geht aber auf diese nicht näher ein, weil ihm die Sache z. Zt. aussichtslos erscheint. Gontard (S. 83 u. 131) hat den Eindruck gewonnen, daß die Angelegenheit gegenwärtig wohl nicht mehr in Frage käme, scheint aber kein Gegner zu sein.

Von einigen Rednern wurde der Postscheckverkehr in eine gewisse Beziehung zu dieser Frage gebracht, insofern die aus diesem Verkehr sich sammelnden Gelder der Verwaltung der Reichsbank zufließen. Fischer (S. 72 u. 151) wünscht, daß, wenn die Reichsbank selbst keine verzinslichen Depositen annehmen wolle oder könne, wenigstens eine Verzinsung im Postscheckverkehre stattfinde. Dadurch werde keine Schädigung der Bankiers und Genossenschaften veranlaßt werden, denn die Zinsvergütung könne nur niedrig sein, andrerseits werde aber jedem, der sein Geld absolut sicher anlegen wolle, hierzu das Mittel geboten. Es handle sich dabei keineswegs um den Postsparkassenbetrieb, wie sich schon aus der niedrigen Verzinsung — Redner schlägt im weiteren Verlaufe einen Satz von 1,825 % vor — klar ergebe. Auch Roland-Lücke (S. 103) ist der Ansicht, daß die Einführung der Verzinsung auf Postscheckeinlagen sehr nahe liege, und bei Lösung der Aufgabe nur die erforderliche Rücksicht auf Sparkassen und Kreditgenossenschaften nicht außer acht gelassen werden dürfe. Ebenso treten Peter (S. 120) und Weber (S. 112/13) für den Gedanken der Verzinsung der Postscheckeinlagen unter Ablehnung der Ausbildung des Postscheckverkehrs zum Postsparkassenbetriebe ein. Weber erörtert bei dieser Gelegenheit noch die Gründe, die gegen die Einführung des in anderen Ländern mit vielem Erfolge wirkenden Postsparkassenbetriebes gerade in Deutschland sprechen und die im wesentlichen zu seiner Ablehnung im Reichstage geführt haben. Nur Schmidt (S. 155) tritt warm für den Postsparkassenverkehr ein. Er macht geltend, daß die dagegen von den Vertretern der Sparkassen gemachte Opposition sachlich nicht begründet sei. Die Postsparkassen würden, da sie an Zinsen keineswegs mehr als drei Prozent vergüten dürften, keine Konkurrenz für die Kommunal- und ähnliche Sparkassen bedeuten. Dagegen würden sie für letztere sogar segensreich wirken, indem sie diejenigen Gelder heranziehen und nutzbar machen würden, die den Weg zu den Sparkassen noch nicht hätten finden können.

In die Reihe der den Schutz der Depositen- und Sparkassengelder als Ziel verfolgenden, in der Enquetekommission erörterten Maßnahmen muß noch die Anregung eingefügt werden, die den Ausgangspunkt für die Durchführung der Enquete darstellt: die Frage der Bekämpfung der Gefahren, die dem Publikum durch Banken und Bankiers erwachsen, die zur Anlage von Depositen oder Spargeldern durch öffentliche oder schriftliche Aufforderungen oder durch Agenten anreizen. Wie erinnerlich, war dies der Text der vom Reichstage am 14. Mai 1909 gefaßten Resolution. Im Lichte der Enqueteverhandlungen büßte freilich dieser, in der Resolution behandelte Auswuchs nicht unerheblich von der ihm im größeren Kreise beigemessenen Bedeutung ein und er trat deshalb etwas aus der Angriffslinie zurück. Die Kommission behandelte die Frage des (mißbräuchlichen) Anreizens unkundiger Personen zur Hinterlegung ihrer Ersparnisse bei Winkelbankiers zwar mit allem dem Ernste, der der Sache zukommt; dem Leser der Verhandlungen drängt sich aber das Gefühl auf, daß hier ein Boden betreten wurde, auf dem jeder Schritt ins ungewisse führt. Der Natur der Sache entsprechend, wurde bei dieser Gelegenheit auch die damit eng zusammenhängende Frage des Verbots der mißbräuchlichen Bezeichnung „Sparkasse“ mit erörtert.

Von allen Seiten wurde das Treiben der sogenannten „wilden“ Bankiers als ungemein gefährlich anerkannt. Insbesondere vertieften die eingehenden Schilderungen von Schmidt und Heiligenstadt über die ungeheure Schädigung, die dem Volksvermögen durch die gewissenlosen Ausbeuter zugefügt wird, den Eindruck, daß es sich hier um einen Krebsschaden handelt, dessen Beseitigung dringend zu wünschen ist. Schmidt (S. 70 u. 153) trug vor, daß nach seinen Wahrnehmungen in jeder Stadt eine Reihe von „Privatgeschäftsleuten“ — Materialwarenhändlern, Holzhändlern, Pferdehändlern, Pfandleihern, Möbelhändlern usw. — im Nebenamte ein nicht unbedeutendes „Bankgeschäft“ dadurch machen, daß sie Gelder zu einer sehr hohen Verzinsung suchen und annehmen und einen Teil davon in ihrem eigenen Geschäfte verwenden. Und Heiligenstadt (S. 185) ergänzte diese Schilderung durch Mitteilung der traurigen Erfahrungen, die er in seiner Praxis auf dem fraglichen Gebiete gemacht hat. Es habe sich in gewissen Teilen des Reichs geradezu ein Anreißertum herausgebildet, das sich aber nicht etwa nur an die Bauern wende, sondern auch auf ländliche Genossenschaften eindringe, so daß die Gelder letzteren entzogen und den in den Reklamen angegebenen Stellen zugeführt würden. Nach Ermittlungen, die Redner angestellt hat, findet er zu der Annahme Veranlassung, daß in den Jahren 1905, 1906 und 1907 zwischen 500 und 600 Millionen Mark Spareinlagen den kleinen ländlichen Spar- und Darlehnskassen auf dem Wege der Reklame und hoher Zinsversprechen entzogen worden seien. — Auch Schinckel (S. 177/8) erkennt einen öffentlichen Mißstand in dem Anreiz zur Hergabe von Depositen unter Ankündigung hoher Zinssätze und verurteilt es schärfstens, wenn Banken und Bankiers sich dieses Mißbrauchs schuldig machen. „Diejenige Bank, die einen ungerechtfertigt hohen Zinsfuß für Depositen bewilligt, ist nicht so vertrauenswürdig, wie sie sein muß“ (S. 61). Aber er findet den Kern des Übels nicht bei den eigentlichen Bankiers, sondern bei den Personen (Lotteriekollekteuren usw.), die, indem sie sich als Bankiers bezeichnen, in den Zeitungen oder durch Plakate zur Hinterlegung von Geldern bei ihnen selber unter dem Versprechen hoher Zinsen einladen. Namentlich in Hamburg leide man sehr hierunter. Aber den Hauptnachdruck legt Schinckel auf die mißbräuchliche Anwendung der Worte „Sparkasse“ und „Spargelder“. Für die kleinen Leute, auf deren Schutz es in erster Linie ankommen müsse, habe der Begriff Sparkasse, Spareinlagen, Sparkassenbücher etwas ganz Faszinierendes. In Hamburg glaube jedes Dienstmädchen, jeder Hausknecht, jedes Kinderfräulein „und noch höher hinauf“, daß das, was „auf Sparkasse“ gegeben sei, für ewige Zeiten bombensicher wäre. Den Leuten sei es ganz gleich, wo und was die Sparkasse wäre, wenn das Ding nur so hieße, und je höhere Zinsen sie erhielten, um so lieber sei es ihnen. Selbst Genossenschaften hätten sich früher des Mißbrauchs der Bezeichnung Sparkasse schuldig gemacht.

Bei aller Übereinstimmung in der entschiedenen Verurteilung dieses Anreißertums innerhalb der Enquetekommission ist es ihr jedoch nicht möglich gewesen, sich über positive Maßnahmen gegen jenes schlüssig zu machen. Die Mehrzahl der Mitglieder suchte die Gegenwirkung auf dem Boden der Aufklärung, der Warnung, der besseren Erziehung des Publikums in ökonomischen Dingen zu gewinnen. Selbst Heiligenstadt sah zunächst nur hierin das Heilmittel und glaubte auch schon Fortschritte in dieser Beziehung feststellen zu können. Gegen gesetzliche Maßnahmen wurden verschiedentlich Bedenken geäußert. Wachler (S. 142) hält sie nicht für notwendig. Mommsen (S. 187) meint, daß die Kriterien dafür sich rechtlich nicht treffen ließen, genau, wie es auch nicht möglich sein würde, mit Erfolg gegen das Anreißertum auf dem Gebiete des Börsenwesens vorzugehen. Lexis (S. 13) hält es kaum für möglich, irgendwelche Schutzmaßregeln durchzuführen. Seine späteren, weiter unten wiedergegebenen Äußerungen bewegen sich nicht auf einem grundsätzlich verschiedenen Boden. Gontard, der ursprünglich der Meinung war, man könne die mißbräuchliche Anwendung des Beiwortes „Spar“ verbieten, ist davon wieder abgekommen (S. 130). Schinckel erklärt (S. 178), wenn es durchzuführen wäre, daß man jedwedem, sei es ein Winkelbankier, sei es ein Möbelhändler, der einen Zettel ans Fenster hängt: „Hier wird Geld zu 5% angenommen“, sei es auch selbst der größte Bankier, das Handwerk legen könnte, so würde er sich ohne weiteres einverstanden erklären. Aber er wüßte nicht, wie eine entsprechende gesetzliche Bestimmung redigiert werden sollte. Eine etwas veränderte Stellung nimmt Schinckel bezüglich des Mißbrauchs des Wortes Sparkasse ein. Er kann sich denken, daß nur die unter staatlicher oder kommunaler Aufsicht stehenden Institute sich so bezeichnen dürften, denen von der Behörde die Erlaubnis hierzu erteilt wird. Nur für eine reichsgesetzliche Regelung kann er sich nicht erwärmen und stimmt in dieser Hinsicht ganz mit Mommsen (S. 187) überein. Wohl aber wäre er dafür zu haben, daß in jedem Bundesstaate auf dem Wege der Verordnung oder, wenn es nicht anders gehe, auch auf dem Wege des einzelstaatlichen Gesetzes Abhilfe geschafft und den Sparkassen und dem Publikum Schutz gewährt werde. In Hamburg sei man schon einmal im Begriffe gewesen, ein Gesetz zu erlassen, nach welchem die Bezeichnungen Sparkasse, Spareinlage, Sparkassenbuch nur den wirklichen Sparkassen vorbehalten sein sollte; lediglich durch einen Zufall, infolge von Unaufmerksamkeiten, sei dieses Gesetz mit Stimmengleichheit abgelehnt worden. Schmidt (S. 153) erklärt, man könne seiner Meinung nach die Winkelbankiergeschäfte nicht verbieten. Nach Peter (S. 189) würden gesetzliche Maßnahmen ihren Zweck verfehlen, so wünschenswert an sich die Beseitigung des Anreißertums sei. Redner erwähnt einen Fall, wo eine (keinem Verbande angehörige) Genossenschaft auf ihre Briefbogen gesetzt hätte: „Unter staatlicher Aufsicht in Gemäßheit des Genossenschaftsgesetzes“, wohl nur, um Unerfahrene anzulocken. — Selbst darüber, ob etwa das Gesetz, betreffend den unlauteren Wettbewerb, mit Erfolg angewendet werden könnte, gehen die Meinungen auseinander. Lücke und Lexis (S. 180) neigen zur Bejahung, auch Heiligenstadt (S. 185) sieht eine Möglichkeit; Mommsen hat dafür aber nichts übrig. — Lücke (S. 102/03 u. 187), der ursprünglich für ein gesetzliches Verbot der mißbräuchlichen Bezeichnung als „Bank“ oder „Sparkasse“ war, sich aber von der Untauglichkeit des Erlasses einer solchen Bestimmung überzeugt hat, deutet einen Weg an, den Anreißern das Handwerk zu legen. Er will die Reichsbank veranlassen, nötigenfalls durch Vermittlung des Zentralverbandes deutscher Banken und Bankiers, gegen das Übel vorzugehen. Die mißbräuchliche Anwendung der Bezeichnung „Bank“ würde unter Anwendung des Gesetzes über den unlauteren Wettbewerb verboten werden können. Ähnlich wäre es hinsichtlich der Bezeichnung als Sparkasse zu halten. In der Regel würde schon eine vertrauliche Einwirkung der Reichsbank von Erfolg sein; erforderlichenfalls würde man sich aber auch an die Zentralen der Sparkassen und Genossenschaften wegen Vorgehens gegen den Unfug zu wenden haben. Letzteres ist offenbar auch Lexis Ansicht. Das alles werde sich freilich nicht von heute auf morgen, sondern erst durch lange Erziehung machen lassen. Lücke wünscht in letzterer Hinsicht, daß die deutschen Unterrichtsminister aufgefordert werden möchten, dafür zu sorgen, daß in allen Schulen, Seminarien und philologischen Lehranstalten, auch in den Kadettenschulen, den Knaben und Mädchen im Alter von 14 Jahren gewisse wirtschaftliche Grundlehren beigebracht werden, darunter der Begriff der Sparkasse und die Lehre, daß man sich klar werden müsse, ob man das, was man kaufen will, auch bezahlen kann, sowie ferner, daß es Pflicht sei, schnell zu bezahlen. — Gegen diese Anregungen, soweit sie sich auf ein Vorgehen durch den Zentralverband des deutschen Bank- und Bankiergewerbes und andere Zentralstellen beziehen, ist von Mommsen (S. 187) eingewandt worden, daß der Angriff meist darum so schwer sei, weil die Winkelbankiers sich als nicht zum Stande gehörig bekennen, weil sie nicht Mitglieder der Verbände seien. — Freiherr v. Gamp (S. 163) legt der Frage eine minimale Bedeutung bei und ist der Ansicht, daß wenn die in anderer Beziehung von ihm empfohlenen Maßregeln (Festsetzung eines bestimmten Verhältnisses zwischen fremden Geldern und eigenen Mitteln; Hinterlegung einer genügenden Barreserve bei einem Reichsinstitut; Revisionspflicht für die Banken; allmonatliche Publikation von detaillierten Bilanzen) durchgeführt werden sollten, es verhältnismäßig selten vorkommen würde, daß durch Anpreisungen usw. erhebliche Gefahren für einigermaßen vorsichtige Personen entstünden.

Eine wesentlich andere Stellung zu diesen Fragen nahmen die Mitglieder Ströll, Graf v. Kanitz und Raab ein, insofern sie sich für ein gesetzgeberisches Vorgehen erklärten. Mit Mommsen hält Ströll (S. 180/1) die rechtliche Begriffsstimmung des „Anreizes“ für schwierig, sieht aber im Gegensatze zu diesem die Schwierigkeiten für überwindbar an. Es sei wichtig, dem Schutze wirtschaftlich schwacher und minder kundiger Personen größere Aufmerksamkeit zuzuwenden; man dürfe das nicht kurzerhand ablehnen. Er vermöge nicht zu entscheiden, ob die bestehenden Strafen gegen Betrug und Irreführung ausreichten und ob der Paragraph gegen den unlauteren Wettbewerb genüge, es schiene ihm aber unsicher zu sein. Fremde Gesetzgebungen sollten aber, wie er gehört habe, Abwehrbestimmungen enthalten. Man könne doch versuchen, einiges daraus auf Deutschland zu übertragen. Die Mitwirkung der Reichsbank bei dem Feststellungsverfahren, die in der Literatur von Obst empfohlen worden sei, halte auch er (Redner) für nicht unpraktisch. Durch ein Spezialgesetz werde vielleicht mancher vor Schaden bewahrt und der Verkehr vor unlauteren Elementen geschüzt werden können. — Raab (S. 188) stellt sich ebenfalls auf den Standpunkt, daß ein Gesetz zu erlassen sei. Er könne nicht zugeben, daß ein solches unausführbar wäre. Das nämliche sei behauptet worden, wenn irgendwo auf gewerblichem Gebiete hätte Ordnung geschaffen werden sollen, z. B. bei dem Befähigungsnachweis im Baugewerbe. Man dürfe nicht den Brunnen erst zudecken, wenn das Kind hineingefallen sei. „Es kann doch so nicht bleiben, daß Leute, die vom kaufmännischen Betriebe, von der Verwaltung des Geldes, von der Buchführung usw. unter Umständen keinen blassen Schimmer haben, große Summen an sich ziehen können, bloß durch das Versprechen hoher Zinsbeträge.“ Platonische Wünsche wegen Erziehung, moralischer Beeinflussung, würden zu keinem Erfolge führen. Auch die Reichsbank werde auf die in Betracht kommenden Leute keinen Einfluß ausüben können, da sie naturgemäß mit diesen Elementen nicht arbeite. Anständige Bankkreise suchen jede Beziehung zu ihnen zu vermeiden. Daher bleibe nur eine Handhabe: das Gesetz. Redner denkt an eine Ergänzung der Gewerbeordnung, indem er eine Konzessionspflicht für das Bankgewerbe, mindestens für den Teil desselben, der durch Ankündigungen und Agenten Gelder heranziehen will, anregt. Er erinnert an den Fall Friedberg und des letzteren schön emaillierte Plakate, die Raab in Ostfriesland gelesen hat. Es wäre vielleicht möglich gewesen, viel Unglück zu verhindern, wenn man diesen Mann und seinen Komplizen vorher unter die Lupe genommen hätte. Man müsse an das Gesetz in verhältnismäßig ruhiger Zeit herangehen; in der Aufregung, die bei späteren Skandalen auf diesem Gebiete entstehen würde, könnten unter Umständen gesetzgeberische Fehler begangen werden. — In bezug auf die Anwendbarkeit der Gewerbeordnung in der vorliegenden Frage begegnet sich Raab mit Lexis. Nach diesem wäre eine Ergänzung der ersteren zu erwägen, etwa in dem Sinne, daß denjenigen, die wegen Betrugs oder irgendeines Vergehens bestraft seien, die Befugnis zum Betriebe des Bankgewerbes entzogen würde, gegebenenfalls vielleicht so lange, bis sie Beweise der Besserung gezeigt haben. Damit will aber Lexis keineswegs die Bankiers einfach unter § 35 der Gewerbeordnung stellen, was anscheinend aber Singer (S. 30) für zweckmäßig hält.

Auch Graf v. Kanitz (S. 37) sprach sich für ein gesetzgeberisches Vorgehen gegen das Heranziehen von Geldern durch das Versprechen hoher Zinsen aus, indem er der Meinung ist, daß dadurch viele kleine Kapitalisten verleitet würden, ihr Geld bei schwindelhaften Leuten zu hinterlegen, und damit die Nachfrage nach sicheren Papieren gemindert würde.

Die weiteren Verhandlungen der Kommission beziehen sich auf Fragen, die über den Schutz der Depositengläubiger oder die Sicherung der fremden Gelder hinaus auf andere, verwandte Gebiete hinübergreifen. Sie bewegen sich in dem von den Interessen der Bank- und Währungspolitik, sowie der Kreditwirtschaft gegebenen Rahmen, also auf einem Felde, dem die Erörterungen im ersten Teile der Enquete gegolten haben. Naturgemäß spannen sich vielfach zwischen dem ersten und zweiten Teile der Kommissionsverhandlungen Fäden, deren Verfolgung in die früheren Diskussionen hineinleitet. Ihnen zu folgen, lag an dieser Stelle kein Anlaß vor.

Zu den schon vor Einleitung der Bankenquete in den weitesten Kreisen mit Interesse besprochenen Vorschlägen zur Beseitigung einer Reihe von tatsächlichen oder doch als bestehend behaupteten Mißständen in der deutschen Bank- und Kreditorganisation gehört der von dem Präsidenten der Preußischen Zentralgenossenschaftskasse, Dr. Heiligenstadt, ausgegangene, die sog. Zwangsreserve betreffende Vorschlag. Heiligenstadt hatte bekanntlich in einer Abhandlung den Standpunkt eingenommen, das Verhältnis des eigentlichen, des liquide zu erhaltenden Betriebskapitals zum festen, in Anlagen steckenden Kapitals habe sich, insbesondere infolge der Entwicklung im Kreditbankwesen, zuungunsten des Betriebskapitals verschoben. Man habe die gefährliche Gewöhnung, das flüssige Betriebskapital immer mehr einzuschränken, angenommen, und die Riesenumsätze der modernen Wirtschaft bewegten sich auf zu schmaler Grundlage. Dieser Richtung gegenüber hatte Heiligenstadt eine Verstärkung der flüssigen Betriebsmittel als unumgänglich nötig angesehen und es in diesem Sinne als durchaus berechtigt bezeichnet, daß z. B. die Reichsbank vor einigen Jahren zu einer Erhöhung der sog. eisernen Bestände im Giroverkehr, der von den Konteninhabern zu fordernden Mindestguthaben, überging. Er ging sogar noch weiter, indem er anregte, die Reichsbank möchte auch für die Einräumung eines Wechseldiskontkredits, für die Gewährung der Zulassung zum direkten Diskontverkehr, eine besondere Leistung in Form eines Zusatzguthabens fordern. Daneben aber — und das war der einschneidendste Teil seines Vorschlags — regte er an, daß von allen denen, die fremde Gelder annehmen, verwalten und ausleihen, die Unterhaltung eines Minimums von Barreserve bei der Reichsbank gefordert werden möchte, dessen Satz er auf 2% vom jährlichen Durchschnittsbetrage der in Verwahrung und Verwaltung genommenen Gelder bezifferte, wenn die beteiligte Depositenstelle sich an einem Reichsbankplatze befindet, auf 1% an anderen Orten. Die Sparkassen wären, gleichviel wo sie ihren Sitz haben, mit 1% heranzuziehen. — Diese Barreserve sollte einem doppelten Zwecke dienen. In erster Linie sollte sie das richtige Verhältnis der greifbaren Mittel zu den laufenden Verbindlichkeiten, eine ausreichende Deckung der letzteren, herbeiführen oder doch dieses Ziel näherrücken, weiter aber sollte die Maßregel den Erfolg haben, daß infolge Stärkung der Betriebsmittel der Reichsbank genügende Mengen Betriebskapital in liquider Form dem Markte dauernd erhalten blieben. Nebenher forderte Heiligenstadt dann noch eine monatliche Bilanzveröffentlichung unter genauer Scheidung der einzelnen Posten. — Den durch die „Zwangsreserve“ veranlaßten Zufluß von Bareinschüssen bei der Reichsbank veranschlagte der Autor auf 250 Millionen Mark.

Nicht nur die hervorragende Stelle, von der diese Anregungen ausgingen, sondern auch die außerordentlich weittragende Bedeutung, die deren Durchführung für die deutsche Geldwirtschaft haben würde, erregten die Aufmerksamkeit der Öffentlichkeit. Nicht minder bedeutungsvoll war die Frage, ob die Schilderungen über Richtung und die Entwicklung der deutschen Kreditwirtschaft, mit denen Heiligenstadt seine Vorschläge begründete, auf zutreffenden Beobachtungen beruhten. Es war deshalb selbstverständlich, daß sich die Enquete mit diesen Anregungen beschäftigte, zumal Präsident Dr. Heiligenstadt selbst Mitglied der Kommission war. Indessen bestätigte sich die von manchen Seiten gehegte Annahme, die Erörterungen über diesen Punkt würden einen besonders breiten Raum einnehmen, nicht. Wohl aber scheinen die Heiligenstadtschen Vorschläge bei den Sachverständigenaussagen eine große Rolle gespielt zu haben. Man muß das aus der Rede des Kommissionsmitgliedes Gontard schließen, in der (S. 129) dessen Bedauern darüber zum Ausdrucke gelangt, daß so wenig über den Punkt ‚Hinterlegung fremder Gelder bei der Reichsbank' gesprochen worden sei, obwohl die Sachverständigen gerade nach dieser Richtung doch außerordentlich viel Mühe aufgewandt hätten. Man kann, bei der Unzugänglichkeit der Sachverständigenaussagen, nur die Vermutung hegen, daß sie sich überwiegend gegen die Heiligenstadtschen Vorschläge gerichtet haben, sonst wäre die verhältnismäßig lakonische Erledigung innerhalb der Kommission nicht recht begreiflich.

Der Urheber der Vorschläge legte allerdings in seinen mündlichen Vorträgen nur noch den Ton darauf, daß die Kreditbanken im öffentlichen Interesse die Pflicht hätten, die Reichsbank in ihrer Geldmarktpolitik und in ihrer Tätigkeit zu stützen; die Sicherstellung der fremden Gelder trat zurück (S. 165). Es würde durch die zu diesem Behufe an die Reichsbank abzuführende Barreserve nicht nur deren Stärkung für den gesamten Geld- und Kreditverkehr erreicht, sondern es werde auch vermieden, daß das ganze Geld- und Kreditgebäude auf eine Einheitsreserve aufgebaut würde. Nach Redners Überzeugung sei gar nicht so sehr eine Reform, als eine sachgemäße Weiterentwicklung unserer Einrichtungen im Geld- und Kreditwesen nötig, „damit wir auch für die Zukunft den Ansprüchen, die sowohl im öffentlichen wie im privaten Interesse gestellt werden, dauernd gerecht werden können".

Aber auch dem hiernach eingeschränkten Programm gegenüber verhielt sich die Kommission in der großen Mehrheit ablehnend. Zur Sache nahmen Wachler (S. 17), Singer (S. 30 u. 144), Weber (S. 32), Roland-Lücke (S. 34/5), Schinckel (S. 57 u. 118/19), Ströll (S. 95), Wagner (S. 48 u. 182), Lexis (S. 98/99),

Peter (S. 120), Kämpf (S. 128 u. 170), Gontard (S. 129), Raab (S. 148), Frhr. v. Gamp (S. 161/3), Graf v. Kanitz (S. 168) das Wort. Außer dem Vater des Gedankens selbst und Wagner traten aber nur Frh. v. Gamp, und auch dieser nur in bezug auf die grundsätzlichen Voraussetzungen, und dann noch Lexis, aber nur bedingt, für die Heiligenstadtschen Vorschläge ein. Gegen diese wurde zunächst eingewandt, daß durch die Hinterlegung der Zwangsreserve bei der Reichsbank ein erheblicher Betrag von Kapital seinem wirtschaftlichen Zwecke entzogen, gewissermaßen aus dem Verkehr ausgeschaltet würde. Das sei, da es sich um einige hundert Millionen handle, für unsere nationale Wirtschaft ein zu großes Opfer. Weiter wurde geltend gemacht, daß ein Reservebetrag von 1—2 % für die Frage der Sicherstellung der fremden Gelder gar keine Rolle spiele; die Summe würde höchstens einigen Gläubigern — denen, die zuerst kommen — von Nutzen sein. Für die Aktionskraft der Reichsbank sei aber die Wirkung der Maßregel gleich Null, denn die Hinterlegung der Zwangsreserve würde in der Form erfolgen, daß man einen größeren Betrag von Wechseln bei ersterer diskontiere. Vergrößere sich aber deren Portefeuille, so werde damit die Wirkung aufgehoben. Des ferneren wurde betont, daß große Einlagen oder Abhebungen, etwa von Depositengeldern fremder Regierungen, wo es sich um Millionen handle, entsprechende plötzliche Erhöhungen oder Verminderungen der Zwangsreserven veranlassen würden, wodurch eine gewisse Unruhe in das Geschäft gebracht werde, die der gesunden Entwicklung nicht förderlich sein dürfte. Sehr energisch wurde darauf aufmerksam gemacht, daß jede Klarheit darüber fehle, wie, wann und von wem die Zwangsreserve wieder erhoben werden könne. Wenn es sich tatsächlich um eine Reserve handeln solle, so müsse doch für den Hinterleger die Möglichkeit bestehen, in Fällen dringenden Bedarfs darüber zu verfügen. Solle das ohne weiteres geschehen können, dann könne die Reichsbank nicht sicher auf die Summe rechnen und diese besitze nicht die Eigenschaft des „eisernen Bestandes", der ihr nach dem vom Autor verfolgten Zwecke doch beiwohnen müsse. Sollen aber wegen der Verfügung darüber erst Verhandlungen mit der Reichsbank notwendig werden, so wäre es schlechterdings unmöglich, zu verhindern, daß die Tatsache solcher Verhandlungen durchsickere, und die Wirkung würde darin bestehen, daß Unruhe und Mißtrauen im

Publikum entständen. So könne recht wohl der Fall eintreten, daß das Bestehen der Zwangsreserve erst zu einem „run“ Anlaß gebe, statt das Mittel zu bieten, ihm zu begegnen. Mit andern Worten: erst wenn jemand im Begriffe steht, seine Zahlungen einzustellen, würde die Zwangsreserve eine Rolle spielen. Der Gedanke wurde gerade deshalb von verschiedenen Rednern als undurchführbar bezeichnet; der eine äußerte sogar, die Idee führe zu einer Revolution im Bankgewerbe.

Gegenüber dieser ablehnenden Stellungnahme stellte sich Wagner (S. 182) auf den Standpunkt, daß ein gesetzliches Minimum von Barvorrat gefordert werden müsse, ohne sich prinzipiell hierauf festzulegen, indem er auch freiwillige Abmachungen tolerieren zu können erklärt, wenn sie auf das gleiche Ziel — das er übrigens nicht ganz deutlich als das von Heiligenstadt angestrebte kennzeichnet — hinauslaufen. Er bestreitet, daß Barreserven an und für sich etwas Unproduktives seien; wenn sie auch nicht Zinsen abwürfen und so vom Standpunkt des einzelnen Besitzers aus nicht wirtschaftlich rentabel sein mögen, so seien sie doch, theoretisch genommen, produktiv. Lexis (S. 98/99) ist der Meinung, die Banken sollten so viel Metall, als sie nicht für ihre täglichen Zahlungen selbst gebrauchen, der Reichsbank übergeben. Diese könnte auf der vergrößerten metallischen Grundlage eine entsprechende Notenemission vornehmen. Lexis führt aus, daß eine Notenbank durch das Einlegen von Metallreserven keinen Schaden in Form entgehender Zinsen erleide, denn sie könne mindestens im gleichen Betrage, erforderlichenfalls aber das Dreifache an Noten ausgeben. Eine Schranke würde in letzterer Beziehung nur aus der Annäherung an die Dritteldeckungsnorm sich ergeben, was aber kaum jemals (Redner sagt sogar: noch niemals) für die gewöhnliche Notenemission der Fall gewesen sei. Dagegen verliere eine Kreditbank tatsächlich an ihrem Betriebskapital, wenn man sie zwinge, bestimmte Beträge zum Schutze ihrer Liquidität festzulegen. Redner ist nicht der Ansicht, daß es notwendig sei, eine positive Bestimmung nach dieser Richtung hin zu erlassen, und macht sich die Bedenken zu eigen, welche sie hinsichtlich der üblen Wirkung einer Verhandlung mit der Reichsbank behufs Wiedererlangung des Verfügungsrecht über die Zwangsreserve geäußert worden sind. — Frhr. v. Gamp (S. 161/63) steht auf dem Heiligenstadtschen Standpunkte, daß die Banken verpflichtet seien, einen nicht unerheblichen Teil Barreserve zu halten zu dem Zwecke, um ihren Verbindlichkeiten gerecht zu werden, falls in Krisenzeiten, selbst wenn es sich nur um vorübergehende, kleine Krisen handelt, die Forderungen an sie herantreten. Aber Frhr. v. Gamp hält es für bedenklich, der Reichsbank größere Goldbestände zuzuführen. Sie sei, führt er aus, verpflichtet, ihren Aktionären für die als Grundlage ihres Geschäftsverkehrs dienende Goldbestände eine bestimmte Dividende zu gewähren. Die Goldbestände müßten also ins Geschäft gesteckt werden, und deshalb könnten sie nicht die Aufgabe erfüllen, die ein „zweiter Juliusturm" zu lösen berufen sein würde. Weiter hege er, Redner, aber das noch viel wichtigere Bedenken, daß die Goldbestände der Reichsbank jederzeit durch das Ausland weggenommen werden könnten. Die Reichsbank müsse gegen die Ausfuhr von Gold wirksamer geschützt werden. Die Ausführungsmöglichkeit erfahre eine bedenklich erscheinende Förderung dadurch, daß in Deutschland immer und immer wieder fremde Anleihen an den Markt gebracht würden. Selbst wenn die Zahlen der Statistik über die Einführung fremder Anleihen im einzelnen unrichtig seien, so bliebe immer noch eine kolossale Inanspruchnahme der inländischen Goldbestände und Zahlungsmittel übrig. Frhr. v. Gamp befürwortet deshalb, die Barreserven der Banken statt bei der Reichsbank bei dem nach seinem (S. 34 erwähnten) Vorschlage zu errichtenden Reichsinstitut zu hinterlegen. Diese Einlagen sollen anscheinend auch mit etwa 3% verzinst, aber dafür freilich erst nach dreimonatlicher Kündigung rückziehbar werden. Deutschland hätte dann einen zweiten Juliusturm, und die Reichsbank könnte in kritischen Zeiten aus der etwa 200 Millionen Mark zu veranschlagenden Goldreserve vorübergehend Metall entlehnen, ohne, wie es der Bank von England mehrmals widerfahren ist, sich an eine ausländische Notenbank wenden zu müssen.

Nicht minder weit entfernt sich Schmidt von dem Heiligenstadtschen Vorschlage. Ausgehend von dessen Voraussetzung, daß die Bardeckung der Banken für fremde Gelder erhöht werden müsse und ohne Schaden für die Banken auch um mehrere Prozente erhöht werden könne, gelangt auch Schmidt zwar zu der Anschauung, es gälte vor allem, den Goldvorrat der Reichsbank zu stärken (S. 154). Schmidt will dies aber dadurch erreichen, daß die Banken, ohne gesetzlichen Zwang,

2 % ihrer fremden Gelder in einem geschlossenen Golddepot der Reichsbank übergeben. Soweit diese geschlossene Einlage nicht in barem Golde erfolge, hätte die Reichsbank Sorge zu tragen, sie je nach Umständen baldigst in Gold umzuwandeln. Die Banken würden alsdann 150—200 Millionen Mark Gold als geschlossenes Depot, gewissermaßen als zweiten Juliusturm, bei der Reichsbank liegen haben. Sobald nun der Reichsbankdiskont 5 % und mehr erreicht, würde der Turm sich automatisch öffnen, indem die Reichsbank den Goldvorrat in die eigene Kasse nimmt und die Beträge den Girokonten der Deponenten zuschreibt. Die beruhigende Wirkung läge auf der Hand. Dieser zweite Juliusturm wäre für den Mobilmachungsfall auch eine Kriegsreserve. — Die Beschaffung des erforderlichen Goldes denkt sich Schmidt nicht schwierig. Es genüge, wenn 200 Millionen Mark weniger Auslandsanleihen ins Inland gebracht und dafür der gleiche Betrag Gold in die Krisenreserve des Juliusturms 2 gebracht würden.

Welche Bedeutung die Kommission, trotz der Ablehnung des Vorschlages einer Zwangsreserve, dem Problem, dessen Lösung Heiligenstadt anstrebt, beigemessen hat, geht aus einer Reihe von Betrachtungen und Anregungen hervor, deren Kernpunkt die Stärkung unserer Kreditorganisation bildet.

So beschäftigt sich Ströll (S. 96) ebenfalls mit der Frage der Erhöhung des Goldbestandes der Reichsbank. Er gesteht, als Direktor einer Notenbank habe er einen wahren Goldhunger. Aber er ist sich der Schwierigkeiten, ihn inmitten des internationalen Rennens nach Gold zu stillen, wohl bewußt. Seiner Ansicht nach haben wir bei der Gestaltung unserer Handelsbilanz auf erhebliches Einfließen von Gold aus dem Auslande nicht zu rechnen. Wir sind auf die „inneren Goldminen", auf das im Verkehr befindliche Gold, angewiesen. Die Ausbeutung dieser inneren Minen könne durch die Ausgabe kleiner Banknoten, denen seit Jahresbeginn die gesetzliche Zahlkraft zusteht, durch geschickte Devisenpolitik, durch Schatzscheine, vielleicht auch durch kleine Fazilitäten im Diskontgeschäft — Redner denkt anscheinend an die Ankäufe von Wechseln unter Bankdiskont — von der Reichsbank betrieben werden. Aber auch administrative Maßnahmen kämen in Frage. Die Reichsbank möge sich mittels solcher gegen eine allzu große Inanspruchnahme durch einzelne Banken wehren.

Sie möge in Fällen dieser Art hart werden; sie möge die Verhältnisse solcher Bank genau prüfen, feststellen, ob sie im Verhältnis zu den eigenen Mitteln nicht zu viele Depositenkapitalien hat, ob ihre Akzeptverbindlichkeiten nicht zu groß sind, und in geeigneten Fällen durch Hinweis auf mögliche Krediteinschränkungen oder durch letztere selbst pädagogisch wirken. Damit würde der Volkswirtschaft gedient und einer gewissen Maßlosigkeit gesteuert werden. Ströll (S. 95) erklärt es für ganz außerordentlich unerfreulich für die Reichsbankverwaltung, wenn sie mit ansehen müsse, wie an einzelnen Quartalsterminen in gar nicht übermäßig bedrängter Zeit der Reichsbankstatus um eine halbe Milliarde in die Höhe schnellt, und weist auf die Veränderung hin, die sich seiner Meinung nach bezüglich der Stellung der Reichsbank zum Geldmarkte vollzogen habe. „Früher beherrschte die Zentralnotenbank den Geldmarkt souverain, sie allein gab den Ton an, dem alles willig gefolgt ist.“ Aber wie wolle man dem Verkehr und den Banken Mäßigung predigen, wenn der Reichsfiskus selbst mit üblem Beispiel vorangehe und die Zentralbank über Gebühr beanspruche! (S. 27) — Kämpf (S. 127) sieht, wie Ströll, in der überaus starken Inanspruchnahme der Reichsbank zu den Quartalsterminen ein Schwächungsmoment. Aber er kann daraus den Banken keinen Vorwurf machen. Man solle dafür sorgen, daß in Deutschland nicht alle Verbindlichkeiten auf einen und denselben Tag gelegt werden, daß nicht die Mieten, die Gehälter, die Hypothekenzinsen, der Hypothekenverkehr selbst, gerade zu den Quartalen geregelt werden. – Riesser (S. 82) verweist auf die günstige Wirkung der bargeldsparenden Zahlungsmethoden (Scheck, Abrechnung, Überweisung) für die Zahlkraft der Reichsbank. Gewiß seien Kapitalexporte vorgekommen, die ihren Goldbestand vermindert hätten, aber andrerseits wären gerade auch die Banken immer bereit gewesen, den Wünschen der Reichsbank in der Diskont- und Währungspolitik zu entsprechen. Er betont (S. 136), daß auch die Frage der finanziellen Kriegsbereitschaft von den Vertretern der Banken nicht außer Augen gelassen worden sei. Auf letzteres Moment legt auch Weber (S. 111) großes Gewicht[1]).

[1]) Beide Redner haben anscheinend übersehen, daß lange vor Riesser diese Frage von Ströll literarisch in musterhafter Weise behandelt worden ist (vgl. Ströll, Das deutsche Geldwesen im Kriegsfall; 1899). Offenbar hat der anwesende Autor aus Bescheidenheit geschwiegen.

Die Mahnung, daß die Reichsbank härter werden müsse, erhebt auch Wachler (S. 105). Mommsen (S. 186) sieht das Gold, im Gegensatz zu Frh. v. Gamp und anderen, lieber bei der Reichsbank, als in den Kassen der Privatbanken. Nach Wagner (S. 48) hat die Ausgabe kleiner Banknoten nicht viel Gold in die Reichsbank gebracht; vielleicht ist sogar die Gefahr größer geworden, da weniger Gold im Lande geblieben ist. Demgegenüber weist Roland-Lücke durch Mitteilung eigener Wahrnehmungen nach, daß es nur an dem Mangel energischer Anwendung der hinsichtlich der Verwendung kleiner Banknoten zu Zahlungen erlassenen Bestimmungen beruhe, wenn das Gesetz noch nicht die erwartete günstige Wirkung gehabt habe (S. 63) Übrigens mißt auch Freiherr v. Gamp dem Mittel, kleine Banknoten auszugeben, nur beschränkte Wirksamkeit bei (S. 162). Freiherr v. Cetto (S. 139) hegt Zweifel, ob es gelingen wird, durch die verschiedenen Mittel den Goldbestand der Reichsbank auf die Dauer zu stärken. Nach seiner Ansicht ist unser Bedarf an Zahlmitteln durch die Entwicklung von Industrie und Handel zu rapide gewachsen. Deshalb sei es nötig, unsere Unternehmungslust zu zügeln. Graf v. Kanitz (S. 168) macht darauf aufmerksam, daß die Aufgabe darin bestehe, nicht bloß den Geldvorrat der Reichsbank zu stärken, sondern ihn auch festzuhalten. Hierzu böte nach seiner Ansicht eine gesetzliche Ermächtigung der Reichsbank, ihre Noten nach Belieben in Gold oder in Silber einzulösen, das geeignete Mittel. Schmidt (S. 156) empfiehlt, die 700 Millionen Mark Kronen aus dem Verkehr zn ziehen und einzusperren, um dadurch für kleine Banknoten und Silber Platz zu schaffen. Schinckel (S. 60/61) tritt, wie andere, dafür ein, daß die Reichsbank härter werde. Er erinnert daran, welche große Bedeutung und Wirkung ein bloßer Wink der Bank von England für den City-Kaufmann habe, und wie er meist genüge, zu weitgehende Ausdehnung von Geschäften und übermäßige Kreditinanspruchnahme zu verhindern oder zu beseitigen. Die Reichsbank möge ihren Einfluß in gleicher Weise anwenden. Derartige Einwirkungen seien nicht angenehm aber segensreich. Redner geht auf den Fall des Bankhauses Haller, Söhne & Co. in Hamburg näher ein, indem er nachweist, wie dabei die Kreditbanken mit Erfolg bestrebt gewesen wären, die Öffentlichkeit zu beruhigen und die Inanspruchnahme der Reichsbank zu mindern. Schinckel geht davon aus, daß es richtig sei, wenn die Privatbanken den Zugriff auf die Reichsbank tunlichst abwehrten. Dazu bedürfe es freilich einer entsprechenden Schulung des Bankdirektors, der Ausbildung eines „öffentlichen Bankgewissens". Es sollte eine Art von „zehn Geboten für den Bankdirektor" vorhanden sein, damit dieser seine Pflichten, auch gegen die Öffentlichkeit, kenne und vor Augen habe. Redner verweist, wie Ströll, darauf daß ein wesentlicher Grund für die Minderung der Schlagkraft der Reichsbank in den Ansprüchen liege, die das Reich an sie zu stellen gewöhnt sei, Ansprüche, die selbst zur ungelegensten Zeit aufträten und sich in Beträgen bewegten, die in gar keinem Verhältnis zu der Inanspruchnahme der Bank durch einzelne andere Stellen ständen (S. 117), selbst wenn es sich um an sich große Summen gehandelt habe.

Nur der Vollständigkeit halber sei erwähnt, daß Raab (S. 68) mit der Möglichkeit rechnet, es werde bei Ablehnung aller die Überwachung des Depositenwesens betreffenden Anregungen die viel radikalere Forderung der Verstaatlichung des Großbankwesens auftauchen. Aber selbst Wagner (S. 89) gesteht, wir seien in absehbarer Zeit nicht so weit, eine Verstaatlichung herbeizuführen, und Singer (S. 143) scheidet aus politischen Gründen die Frage aus seinen Betrachtungen aus.

Läßt sich von keinem der bisher erörterten Vorschläge und Pläne sagen, daß sich für ihn in der Kommission eine Mehrheit gefunden hätte, so trifft das für zwei weitere Anregungen nicht zu. Sie betreffen die Veröffentlichung von Zwischenbilanzen der Kreditbanken und die Bildung einer Kommission, die als freier Beirat der Reichsbankverwaltung tätig sein soll. Wenn auch nach dem gedruckten Protokoll der Kommissionsverhandlungen eine vollständige Einmütigkeit nicht erzielt worden ist — in dieser Beziehung treffen die sonst das Ergebnis vorzüglich wiedergebenden Ausführungen Singers (S. 190) nicht ganz zu —, so hat sich doch eine recht weitgehende Übereinstimmung der Grundanschauungen ergeben. Das ist um so bemerkenswerter, als der an letzter Stelle erwähnte Vorschlag erst im Laufe der Beratungen auftauchte und die Neuheit des Gedankens naturgemäß zunächst eine Reihe von Zweifeln hinsichtlich der Tragweite und Bedeutung der Idee veranlaßte.

Die Veröffentlichung von Bankausweisen innerhalb gewisser

Zeiträume während des Geschäftsjahres — von sogenannten Zwischenbilanzen — war schon im ersten Teile der Bankenquete und namentlich während der Vernehmungen der Sachverständigen in der Presse von vielen Seiten dringend gefordert worden. Man hatte sie in der Literatur bereits seit Jahren als eins der Mittel bezeichnet, die geeignet seien, dem berechtigten Verlangen der Öffentlichkeit nach ausreichender Klarlegung der inneren Verhältnisse derjenigen Institute zu entsprechen, die fremde Gelder verwalten. Die Berliner Großbanken waren auch, nachdem sich der Zentralverband des Deutschen Bank- und Bankiergewerbes dieserhalb mit der sog. Stempelvereinigung in Verbindung gesetzt hatte, schon vom Beginne des Jahres 1909 an, im Einvernehmen mit der Reichsbankverwaltung, freiwillig dazu übergegangen, in Zeitabschnitten von zwei Monaten einen sog. Status zu veröffentlichen. Das Schema zu letzterem war dem Bilanzschema der Deutschen Bank nachgebildet. Es verlautete dabei, daß sich die publizierenden acht Großbanken — allein die Berliner Handelsgesellschaft schloß sich von den Veröffentlichungen aus — der Reichsbank gegenüber verpflichtet hätten, nur im gemeinschaftlichen Einvernehmen Änderungen an dem Schema vorzunehmen oder die Veröffentlichungen einzustellen. Ob es zutreffend ist, daß dieses Publikationsübereinkommen auch mit der Zugehörigkeit der Banken zur Abrechnungsstelle in Verbindung gebracht worden ist, steht dahin.

Als die Enquetekommission in die Beratungen über das Depositenwesen eintrat, lagen schon eine Reihe derartiger Zwischenbilanzen vor und die Öffentlichkeit, namentlich die Presse, hatte sich recht eingehend mit der so geschaffenen Lage beschäftigt. Das gibt wohl auch den Schlüssel zu der Tatsache, daß die Kommission sich mit kaum einer anderen der zur Erörterung stehenden Fragen so lebhaft auseinandergesetzt hat, wie mit der Frage der Zwischenbilanzen. Volle Übereinstimmung ergab sich hierbei von vornherein über die Zweckmäßigkeit einer möglichst häufigen Veröffentlichung von Übersichten über den Vermögensstand der Depositengelder annehmenden Stellen. Daß die Aktienbanken und die Genossenschaften, vielfach auch die Sparkassen, jährlich einmal ihre Bilanz veröffentlichten, gestatte — so wurde ausgeführt — zwar einen gewissen Einblick in deren Verhältnisse; bei den Privatbankiers und einer großen Zahl von Sparkassen fehle freilich selbst dieser. Aber man könne doch darüber nicht im Zweifel sein, daß die nur einmalige jährliche Bilanzpublikation einen viel zu mangelhaften Anhalt für die richtige Beurteilung der Liquidität und Sicherheit der Institute gewähre, zumal in weiten Kreisen die Annahme bestehe, daß die Banken vielfach ihre Jahresabschlüsse günstig zurechtstutzten („frisierten"), während bald nach dem kritischen Tage ein minder gutes Verhältnis zwischen Verbindlichkeiten und Deckungsmitteln einzutreten pflege. Über den wahren Wert von Übersichten, die zwischen einer Jahresbilanz und der andern in gewissen Zeitabständen zur Veröffentlichung gelangten, gingen freilich die Ansichten sehr auseinander. Während die einen nicht bloß in dem Umstande, daß diese „Zwischenbilanzen" gar nicht auf ordentlichen Bücherabschlüssen, sondern nur auf Rohbilanzen (in buchhalterischem Sinne) beruhten, die u. a. Abschreibungen nicht berücksichtigten (Gontard S. 131, Wachler S. 142), sondern noch mehr in dem Fehlen eines genügenden Verständnisses für die wirkliche Bedeutung der publizierten Ziffern in der breiten Öffentlichkeit Gründe fanden, den Veröffentlichungen einen ganz minimalen Wert beizumessen, sahen die anderen in derartigen Publikationen einen gewaltigen Fortschritt. Nicht nur das Frisieren der Jahresbilanzen werde erschwert (Frhr. v. Cetto S. 53), sondern es werde auch eine Kritik der Banken unter sich befördert, die dazu führen werde daß man schon wegen der Konkurrenz offenbare Schwächen im eigenen Stande zu beseitigen trachte und daß sich allgemeine Grundsätze über die Kreditgewährung, eine gewisse Tradition, ausbilden würden (Riesser S. 82). Über allem aber stände die Aufsicht durch die Fachpresse, welche Zwischenbilanzen recht wohl zu lesen verstände und für ihre richtige Beurteilung sorgen werde. Ein Redner sah als Zweck der Bilanzen an, das große Publikum werde durch sie in die Lage gesetzt, sich ein Bild darüber zu machen, was denn mit den Depositengeldern die es eingezahlt hat, geschieht, wie diese Gelder geschäftlich weiterverwandt werden und ob die Anlage dieser Gelder in Aktienunternehmungen usw. die Sicherheit der einzelnen Deponenten und die Liquidität der Banken nich beeinträchtigt (Singer S. 190). — Schließlich wurde auch noch daran erinnert, daß gegen falsche Angaben in diesen Bilanzen der Betrugsparagraph des Strafgesetzbuches und die Strafbestimmungen des Handelsgesetzbuches Garantien gewährten

(Graf v. Kanitz und Mommsen S. 167). — Bei dieser Sachlage drehte sich die Erörterung kaum noch um die Frage, ob man Zwischenbilanzen von den Aktienbanken verlangen solle, als vielmehr darum, in welchen Zwischenräumen und in welchen Formen sie erscheinen müßten, um dem berechtigten Verlangen nach ausreichender Publizität zu entsprechen. Wenn sich die Kommission dabei auch noch mit der Form der Jahresbilanzen und mit der schwierigen Frage beschäftigte, was den zu Bilanzveröffentlichungen überhaupt nicht verpflichteten Stellen, namentlich den Privatbankiers gegenüber zu tun sei, so lag doch der Nachdruck auf den Zwischenbilanzen. Von einigem Einflusse dabei war wohl die allerseits gehegte und von dem Mitgliede Grafen v. Kanitz offen in Worte gekleidete Überzeugung, daß der Reichstag, als er im Mai 1909 die mehrfach erwähnte Resolution faßte, sehr viel mehr als die Veröffentlichung von (Zwischen-?) Bilanzen nicht gewollt habe (S. 38). Nur Freiherr v. Gamp (S. 161) war abweichender Ansicht.

Die Diskussion setzte begreiflicherweise bei den bereits vorliegenden Zwischenbilanzen der acht Berliner Großbanken ein. Sie wurden von verschiedenen Seiten bemängelt. Wagner (S. 47/8) fand, — wohl in Übereinstimmung mit seiner eigenen Ansicht — daß sie in der Öffentlichkeit nicht gut abgeschnitten hätten. Er erklärt mehr Öffentlichkeit für notwendig und will zu diesem Behufe eine größere Spezialisierung vorschreiben. Die bestehenden Schemata — mit Einschluß derjenigen für die Wochenausweise der Reichsbank und der Notenbanken — hält er für unzureichend. Man dürfe die Aufstellung des Schemas nicht den Interessenten allein überlassen. Ähnlicher Ansicht ist Heiligenstadt. Er verlangt neben größerer Ausführlichkeit — auch in den Jahresbilanzen — monatliche Publikationen der Banken, damit auch die „großen“ Quartalstermine zum Ausdrucke gelangen. Den Einwand der zu großen Arbeitsbelastung verwirft er unter Hinweis auf die von ihm geleitete Zentralgenossenschaftskasse. Für Genossenschaften scheinen ihm Zwischenbilanzen in halbjährlichen Zwischenräumen, für kleinere Institute Jahresbilanzen ausreichend (S. 166 u. 184/5). Auch Freiherr v. Gamp (S. 163) fordert von den Banken detaillierte Monatsausweise. Raab (S. 188) u. Peter (S. 188) treten ebenfalls für recht weitgehende Veröffentlichungen ein.

Von den übrigen Rednern wurden zweimonatliche Zwischenbilanzen für ausreichend erachtet; Ströll hält, in diesem Punkte mit Heiligenstadt übereinstimmend, für Genossenschaften Intervalle von 6 Monaten für genügend, bei Sparkassen Jahresausweise (S. 180).

Einen umstrittenen Punkt bildete die Frage, ob diese Veröffentlichungen durch Gesetz oder in anderer Weise vorgeschrieben werden oder dem Ermessen der Beteiligten überlassen werden sollten. Gegen den ersteren Weg sprach, wie von mehreren Seiten hervorgehoben wurde, das Bedenken, daß man von einer derartigen Maßnahme nicht wohl die Privatbankiers ausnehmen könne. Für viele von diesen wäre aber ein Zwang zur Bilanzpublikation gleichbedeutend mit ihrer wirtschaftlichen Vernichtung oder der Aufgabe ihrer Selbständigkeit, ganz abgesehen von den Folgen, die ein so weitgehendes Eindringen in Privatverhältnisse auch sonst nach sich zu ziehen vermöchte. Mit Rücksicht hierauf wurde auch schließlich von keiner Seite ein gesetzlicher Zwang verlangt, wenngleich Heiligenstadt (S. 43) der Meinung ist, man werde doch vielleicht zum Erlaß von Normativbestimmungen über Bilanzaufstellung und -veröffentlichung kommen, und Lexis, der im übrigen der freiwilligen Publikation das Wort redet (S. 179), erklärt, es schiene ihm keine große Gefahr und Unannehmlichkeit für die Banken zu bedingen, wenn eine genügend allgemein gehaltene (d. h. zweckmäßige Änderungen in der Form und den Intervallen ermöglichende) gesetzliche Vorschrift erlassen würde. Müller-Fulda (S. 171), der nur ein schriftliches Votum abgegeben hat, lehnt darin eine gesetzliche Regelung vorläufig ab, verlangt aber für den Fall der Vornahme einer solchen auch die Publikation der Bilanzen aller Stellen, die Bankiergeschäfte betreiben oder Depositen- und Spargelder annehmen, also auch der Privatbankiers. Frhr. v. Gamps und Graf v. Kanitz' Stellung gegenüber der Frage des gesetzlichen Zwanges blieb zwar unverändert, doch lehnen sie eine freiwillige Regelung nicht ausdrücklich ab. Nur Gontard ist der Meinung, daß ohne einen Zwang auf die Dauer nicht auszukommen sein würde (S. 189). Die allgemeine Neigung ging aber dahin, zunächst durch private, gewissermaßen freundschaftliche Einwirkung die Veröffentlichung von Bilanzen und Zwischenbilanzen zu fördern, wobei freilich wohl von keiner Seite erwartet wurde, daß auf diesem Wege bei den nicht gegenwärtig schon durch Gesetz oder Regulativ zu Publikationen überhaupt verpflichteten Stellen etwas erreicht werden würde. Als Instanz, die ihrer ganzen Stellung nach besonders, wenn nicht allein geeignet wäre, solche private Einwirkung auszuüben, sahen die meisten Redner die Reichsbank an. Man ging in der Auffassung über die anzuwendenden Mittel recht weit. Lücke (S. 101) hielt es für richtig, daß die Reichsbank durch ihre Zweiganstalten die leitenden Personen der nicht ihren Zweimonatsstatus veröffentlichenden Banken im Wege der freundschaftlichen Unterredung zur Änderung jener Unterlassung auffordern lassen sollte und zweifelt nicht, daß nach einmaliger oder zweimaliger Aufforderung nur noch wenige sich ausschließen würden. Diesen wenigen aber sollte nötigenfalls eröffnet werden, daß die Reichsbank nunmehr weitere Maßregeln ergreifen werde. Die Reichsbank müsse in dieser Beziehung hart werden und bedenken, daß diese anscheinende Härte gar keine Härte sei, indem sie (die Reichsbank) nicht im Gewande des von Staats wegen bestellten Büttels, sondern als Vertreterin des allgemeinen öffentlichen Interesses komme. Es sei ihr Beruf, ihre Pflicht, zu prüfen, zu warnen und denjenigen, der nicht hören wolle, eventuell zu zwingen, zu hören; sie sei in der Lage, erfolgreich zu warnen, besser als irgendein anderer. Schinckel (S. 172) spricht gleichfalls davon, daß Widerstrebende durch die Reichsbank gezwungen werden müßten, nicht bloß soweit die Zwischenbilanzen in Frage kommen, sondern auch hinsichtlich etwaiger Mängel bei der Jahresberichterstattung (S. 172/173). Schmidt (S. 155), Lexis (S. 179), Ströll (S. 180) sprechen sich in ähnlichem Sinne aus. Riesser (S. 136) erinnert an die Bestrebungen des Zentralverbandes des Deutschen Bank- u. Bankiergewerbes nach der Richtung der Einführung und allgemeinen Veröffentlichung von Zwischenbilanzen. Gontard (S. 83/84 u. 131) wirft die schon gestreifte Frage auf, was mit denjenigen geschehen solle, die nicht zur Bilanzveröffentlichung verpflichtet seien, also mit den Privatbankiers. Eine Einreichung an die Reichsbank an Stelle der Veröffentlichung scheint ihm bedenklich; es würde dadurch in den Augen vieler Leute die Reichsbank auch für die Güte dieser Bilanzen verantwortlich werden. Er regt an, die Einreichung dieser Bilanzen an die Zulassungsstellen ins Auge zu fassen, die er für recht geeignet zu diesem Zwecke hält, eine Auffassung, der Wachler (S. 141/2) aber mit guten Gründen entgegentritt. Gontard macht weiter darauf aufmerksam, welche Schwierigkeiten sich ergeben müßten, wenn die etwa von den Privatbankiers eingereichten Bilanzen erkennen ließen, daß deren Lage ungünstig sei. Sollen Repressivmaßregeln angewandt, etwa die Inhaber von der Börse ausgeschlossen oder soll der Konkurs angemeldet werden? Denkbar wäre auch, daß die Bilanzen nur formell daraufhin geprüft würden, ob sie gewissen Normen entsprechen, z. B. bezüglich des Verhältnisses der fremden Gelder zu den Gesamtverbindlichkeiten oder zu den eigenen Mitteln; entspreche das Verhältnis nicht der Norm, so könnte vielleicht die Zulassungsstelle zur Veröffentlichung der Bilanz verpflichtet werden. Indiskretionen fürchtet Redner nicht; auch bei den Steuerkommissionen würden intime Angelegenheiten behandelt, ohne Schaden für die Beteiligten; die Mitglieder seien eben zur Verschwiegenheit verpflichtet. Nach Wachler (S. 141/42) ist die Frage der Heranziehung der Privatbankiers zu den Bilanzveröffentlichungen nicht so leicht zu entscheiden. Wenn auch prinzipiell kein Unterschied gemacht werden sollte, so dürfe man hier nicht generalisieren. Gerade weil beim Erlasse gesetzlicher Vorschriften die Privatbankiers nicht wohl würden ausgenommen werden können, sei er gegen solche Vorschriften. Wachler will die Weiterentwicklung dieser Sache dem Beirate (s. weiter unten) überlassen. Er sieht auch gar kein Interesse für das allgemeine wirtschaftliche Wohl darin, ob ein Bankier in einer kleinen Stadt mit vielleicht 300000 Mark Umsatz seine Bilanz publiziert oder nicht. Lexis (S. 179) ist ähnlicher Ansicht. Er hält es nicht für möglich, den kleinen Bankiers, die in zahllosen kleinen Städten sitzen, so tief in den Topf zu gucken. Die Vollständigkeit der Gesamterhebung litte zwar, wenn die Bilanzen der Privatbankiers von der Veröffentlichung ausgeschlossen blieben, aber es liege dann eben von vornherein eine scharfe Unterscheidung zwischen ihnen und den schon gegenwärtig zu öffentlicher Rechnungslegung verpflichteten Stellen vor, auf die zweckmäßig die Pflicht zur Publikation von Zwischenbilanzen beschränkt bliebe. Schinckel (S. 177) will nicht auf die Frage eingehen, weil er keinen Weg sieht, die Privatbankiers zur Bilanzveröffentlichung zu zwingen. Einige von ihnen würden es vielleicht bitter empfinden, wenn sie ausgeschlossen blieben, aber gerade auf diese käme es nicht an; es kommt vielmehr auf jene an, die vielleicht unberechtigterweise Depositengeschäfte gegen hohe Zinsen betreiben.

Auch die Frage, in welcher Weise die Veröffentlichungen

erfolgen sollen, ob durch Zeitungsinsertion oder Aushang im Geschäftslokale, und im ersteren Falle in welchen Zeitungen, spielte eine Rolle. Während Ströll (S. 180) die Ansicht vertrat, die Veröffentlichung im Reichsanzeiger sei zwecklos, sie müsse, um wirksam zu sein, in den lokalen Preßorganen erfolgen, warnt Mommsen (S. 187) schon der ungeheuren Kosten wegen dringend vor diesem Verfahren und hält den Reichsanzeiger für das gegebene Organ. Ihm schließt sich Schmidt (S. 191) an. Roland-Lücke (S. 101) und Schinckel (S. 119) schlagen vor, die Banken — in Form eines ihnen von der Reichsbank zu erteilenden Rates — zu veranlassen, ihren Status in gut sichtbarer Weise innerhalb ihres Geschäftslokals zum Aushange zu bringen, und jedem, der darum ersucht, einen Abdruck auszuliefern. Peter (S. 189) wünscht, wenigstens hinsichtlich der kleineren Institute, die Veröffentlichungskosten zu vermeiden und tritt für den Aushang im Geschäftslokale ein. — Es wurde dann hervorgehoben, daß auch eine Prüfung erfolgen müsse, ob die Veröffentlichungspflicht wirklich erfüllt werde. Schinckel (S. 119) schlägt vor, diese Aufsicht dem Beirat zu übertragen. Peter (S. 189) scheint der gleichen Ansicht zu sein; erforderlichenfalls müsse die Reichsbank in Betracht kommen. Indessen beziehen sich Peters Ausführungen möglicherweise auf eine materielle Prüfung der Bilanzen und Zwischenbilanzen, über die sich auch Graf v. Kanitz (S. 166/7) verbreitet. Mommsen (S. 187) benennt neben der Reichsbank noch das Reichsamt des Innern oder den Reichskanzler als mögliche Einreichungsstelle. — Von einigen Rednern wurde die Notwendigkeit, die Zwischenbilanzen recht schnell zu veröffentlichen, besonders betont. Speziell Schinckel, dessen Bank (die Norddeutsche Bank in Hamburg) schon seit 50 Jahren allmonatlich einen Status veröffentlicht, führt auf Grund seiner praktischen Erfahrungen den großen Nutzen der schleunigen Veröffentlichung für das beteiligte Publikum vor die Augen (S. 172). Eben deshalb werde seine Bank auch fortfahren, neben den Zweimonatszwischenbilanzen den (etwas abgekürzteren) Monatsstatus zu publizieren. Schmidt (S. 191) und Wagner (S. 182) treten diesen Ausführungen bei, und der letztere erkennt dabei ausdrücklich an, daß man lieber mit einer etwas abgekürzten und nicht in jeder Weise spezialisierten Veröffentlichung sich begnügen könne, wenn sie nur rasch käme, und daß sie dann größere Dienste leiste als eine weitgehend spezialisierte erst nach langen

Wochen. Peter (S. 189) ist dagegen der Meinung, daß die in dem Übereinkommen der Berliner Großbanken festgelegte Frist von spätestens einem Monate nach dem jeweiligen Abschluß ausreiche.

Zu sehr eingehenden Erörterungen gab das den Zwischenbilanzen zugrunde zu legende Schema Veranlassung. Auch hierbei stand zunächst wieder die Frage im Vordergrunde, ob das Schema gesetzlich vorgeschrieben oder sonstwie behördlich festgelegt werden, oder ob die Weiterentwicklung den Beteiligten selber überlassen bleiben solle. Für eine Festlegung sprachen sich nur Wagner (S. 89) und Gontard (S. 83 u. 130) aus, letzterer, indem er für ein möglichst liberales Schema eintritt und die näheren Bestimmungen dem Bundesrate überlassen will. Den gleichen Gedanken äußert auch Lexis (S. 179), dem aber eine freiwillige Regelung erwünschter scheint. Nach Müller-Fulda (S. 171) — schriftliches Votum — könnten im Falle einer gesetzlichen Regelung des Depositenwesens gesetzliche Normen für die Aufstellung der Bilanzen festgesetzt werden. — Die übrigen Redner verwarfen jedes starre Schema. Die Verhältnisse unterlägen steter Veränderung, und man müsse auch noch Erfahrungen sammeln. Zu viele Fragen seien noch offen, z. B. die der ausländischen Zweiganstalten einzelner Banken. Man solle das Weitere der freiwilligen Vereinbarung überlassen (Weber S. 116). Kein Schema würde allen Anforderungen entsprechen (Riesser S. 136); jedes werde, so scharf es auch ausgeklügelt sei, unter dem Mangel leiden, daß man daraus den wahren Stand der Bank nicht erkennen kann (Kämpf S. 128). Andrerseits wurde darauf hingewiesen, daß wohl eine gewisse Fortentwicklung des Schemas möglich sei, man sich aber vor zu häufigen Änderungen hüten müsse. Jede zu starke Spezialisierung erschwere die Übersicht, namentlich wenn die Zahl der publizierenden Banken wachse (Mommsen S. 107/8). Ähnlicher Ansicht ist Schinckel (S. 173). Roland-Lücke will die Ausgestaltung des Schemas für die Zwischenbilanzen der Verständigung zwischen der Reichsbank und den Banken überlassen (S. 100/1), ebenso Kämpf (S. 181). Wachler (S. 141) ist mehr für den Beirat, indessen weist Singer (S. 190) darauf hin, daß eine Kommission für die Feststellung des Schemas nicht geeignet sei, das könne nur der Reichsbankpräsident. Von mehreren Seiten wird gefordert, daß nicht etwa ein einheitliches Schema für das ganze Reich eingeführt werden dürfe, mindestens müßte zwischen Großbanken und kleineren Instituten ein Unterschied gemacht werden (Weber S. 116, Graf v. Kanitz S. 167, Lexis S. 179, Ströll S. 180). Dagegen spricht sich nur Heiligenstadt (S. 184/5) aus. Lexis regt Zusammenfassung nach Gruppen an (S. 180). Bezüglich der Jahresbilanz ist Gontard (S. 131) für möglichste Spezialisierung, während umgekehrt Mommsen (S. 108) für eine gewisse Übereinstimmung der Einteilung von Zwischenbilanzen und Jahresbilanz eintritt und sich dadurch von Schinckel (S. 173) unterscheidet. Schwierigkeiten werden von der freien Vereinbarung nicht erwartet, nachdem die Großbanken völlig freiwillig das ihnen wegen der zu verändernden Buchungsweise durchaus nicht sehr bequeme Formular der Deutschen Bank angenommen haben (Riesser S. 79, Schinckel S. 172/4). — Im einzelnen geben die Bankpraktiker eine Reihe von Anregungen. Roland-Lücke (S. 100/1) schlägt vor, die Guthaben bei der Reichsbank besonders anzugeben und davon die Guthaben bei Banken und Bankiers zu trennen. Ferner will er getrennte Nachweisung der Effektenbestände nach 1. deutschen Reichsanleihen, deutschen Schatzanweisungen, deutschen Staatsanleihen; 2. sonstigen mündelsicheren deutschen Papieren; 3. börsenmäßigen Wertpapieren; 4. sonstigen Wertpapieren. Weiter sollen gesondert werden die Reports und Lombardvorschüsse auf Effekten mit Börsenfirmen von denen, die mit anderen Firmen und Personen gemacht sind. Erstere gingen nach einem Monate unzweifelhaft bar ein, bei letzteren lägen die Verhältnisse anders. Die Trennung der Wechselbestände nach Wechseln auf Deutschland und solchen auf das Ausland, so interessant sie für die allgemeine Wirtschaft sein möge, empfiehlt Lücke nicht, dagegen schlägt er die gesonderte Nachweisung von 1. diskontablen Wechseln mit Ausschluß eigener Akzepte und von Ziehungen inländischer Bankfirmen, 2. sonstigen Wechseln vor. Bei den Kreditoren empfiehlt Lücke, die Bankkreditoren von den sonstigen Kreditoren zu trennen. Schinckel (S. 173/77) regt an, der Lückeschen Position für Wechsel noch die dritte Unterabteilung: „eigene Akzepte und von der Bank selbst ausgestellte Wechsel" hinzuzufügen. Er macht dazu sehr interessante Ausführungen über die Frage des Akzeptkredits der Banken. So unerwünscht den Banken die Hereinnahme ihres eigenen Akzepts oder das einer affiliierten Bank sei, so könnten sie derartige Papiere doch nicht ablehnen, freilich auch nicht gut weitergeben. Die eigenen Akzepte stellten sonach einen nicht glatt diskontierbaren Teil des Portefeuilles dar, ähnlich den Ziehungen der Banken auf ihre Kunden, die in einzelnen Kreisen in großem Maßstabe zu existieren schienen, die Redner aber nach den „Zehn Geboten für Banken“ perhorresziere (vgl. S. 64). Weiter führte Schinckel aus, daß die Ziehungen ausländischer auf inländische Bankfirmen auf durchaus einwandsfreier geschäftlicher Grundlage zu erfolgen pflegten und daß sie deshalb auch als glatt diskontable Wechsel anzusehen seien, eine Auffassung, der Lücke beitritt. Selbst die Ziehungen inländischer Bankfirmen auf Banken haben nach Schinckel nicht immer den Charakter von Finanzwechseln. — Hinsichtlich der Zerlegung des Effektenkontos schlägt Redner vor, daß die Lückeschen Rubriken 2, 3 und 4 enthalten sollen: 2. sonstige bei der Reichsbank oder anderen Zentralbanken lombardfähige Wertpapiere, 3. sonstige börsengängige Wertpapiere, 4. andere Wertpapiere. — Bei den Debitoren möchte Redner eine Unterscheidung hinsichtlich der Bürgschaften, ebenso wie bei den Avalakzepten, eintreten lassen. Für sehr schwierig erklärt er die Trennung der Kreditoren nach Bankguthaben und anderen Kreditoren, schon weil viele Firmen mehrere Geschäftszweige betrieben. Schinckel erörtert dann in sehr anregender Weise, aus welchen Gründen er hinsichtlich der weiteren Spezialisierung der Bilanzposten den zum Teil recht weitgehenden Vorschlägen der Sachverständigen nicht folgen könne. Er rechtfertigt die Zusammenfassung der ausländischen mit den inländischen Wechseln durch den Hinweis auf die Möglichkeit der Beunruhigung des Marktes bei starken Änderungen im Bestande der ausländischen Wechsel, legt dar, daß die Forderung unerfüllbar sei, es möchten die noch ausstehenden Einzahlungen auf Konsortialbeteiligungen angegeben und die gedeckten von den ungedeckten Debitoren unterschieden werden. Gegen die Angabe der Gliederung der Auslandsguthaben erhebt Redner Bedenken. Bezüglich der von vielen Seiten erhobenen Forderung, es sollten die aus Rediskontierungen entstandenen Giroverbindlichkeiten angeführt werden, weist Schinckel auf die naheliegende Gefahr hin, daß irrige Schlüsse aus derartigen Angaben gezogen würden. Immerhin findet Schinckel, daß auch manches für die Bekanntgabe dieser Ziffern spreche, namentlich bei kleineren Banken, und würde für seinen

Teil kein Bedenken tragen, die Publikation zu befürworten, soweit es sich nicht um ganz kurze Wechsel handle. Er regt daher eine Mitteilung der Giroverbindlichkeiten a) aus Wechseln, die länger als zehn Tage laufen, b) aus Devisen (ausländischen Wechseln) an. — Kämpf (S. 181/2) vertritt die Spezialisierung der Wechsel- und Lombardbestände nach der Laufzeit, um danach den Liquidationsgrad beurteilen zu können. Es sei wünschenswert, zu unterscheiden bei Lombards und Reports solche, die über vier Wochen, und bei Wechseln solche, die über 90 Tage liefen. Bei Effekten lege er den Hauptwert darauf, ob sie schnell realisierbar seien oder nicht. Selbst börsengängige Wertpapiere seien nicht immer schnell verkäuflich. Die Angabe der Giroverbindlichkeiten aus weiter begebenen Wechseln hält Kämpf für bedenklich, weil irreführend. Es gäbe zahlreiche Fälle, wo diese Verbindlichkeiten gar keine materielle Bedeutung hätten, beispielsweise wenn inländische Banken für das Portefeuille großer Auslandsbanken Wechsel kauften und indossierten. Wagner (S. 182/3) regt die Angabe der Goldbestände und die Trennung der Depositen und Kreditoren nach solchen an, die in kurzer Zeit (8, 14 Tagen) und die später fällig werden. Auf seinen früheren Gedanken (S. 48), eine Trennung der staatlichen von den Privatguthaben zu verlangen, kommt Wagner nicht wieder zurück. Heiligenstadt (S. 184/5) tritt für die Angabe der Giroverbindlichkeiten ein, besonders wegen des Nutzens der Schlußfolgerungen bezüglich der Geschäftsgebarung der kleinen und mittleren Institute. Mommsen (S. 186) hegt gegen die von Schinckel angeregte Trennung der Wechselbestände nach eigenen Akzepten und Wechseln, die von der Bank selbst gezogen sind, Bedenken; sie würde eine ungemein große Arbeit verursachen. Hinsichtlich der Angabe der Giroverbindlichkeiten teilt er Schinckels Standpunkt, daß gegen ihre Mitteilung Widerstand nicht geleistet werden sollte. Dagegen bekämpft Redner die von Kämpf und Wagner geäußerten Wünsche als zu weitgehend. Die Angabe der Goldbestände würde geradezu dazu führen, daß der Reichsbank ohne wirtschaftlichen Zweck Gold entnommen würde. — Peter (S. 189) stellt sich bezüglich der Angabe der Giroverbindlichkeiten auf den von Heiligenstadt eingenommenen Standpunkt; er hält eine Scheidung zwischen solchen Wechseln, die an die Reichsbank oder überhaupt auf Veranlassung der Banken selbst zum Zwecke der

Geldbeschaffung weitergegeben seien, und anderen Wechseln für nützlich. Frhr. v. Gamp (S. 160) äußert den Wunsch, es möchte die Höhe der Zwangsguthaben bei der Reichsbank, die er nicht als sofort verfügbare Gelder ansieht, angegeben werden. Schmidt (S. 191) erklärt sich gegen die gesonderte Angabe der fremden Devisen und der Guthaben ausländischer Gläubiger. Gontard endlich (S. 131) macht sich die von einem der Sachverständigen geäußerten Forderungen zu eigen, wonach die Giroverbindlichkeiten aus weiterbegebenen Wechseln (summarisch), die Beträge, für die das beteiligte Institut gebürgt hat, die Aktiva, die weiterverpfändet oder als Sicherstellung weitergegeben sind, anzugeben wären. Von den weiteren Forderungen des Sachverständigen heißt Gontard gut die Trennung der Kasse von den Giroguthaben, der Effekten nach börsengängigen und nicht eingeführten Werten, dabei wieder gesondert die in- und ausländischen Fonds und die in- und ausländischen Aktiva. Die ferner von dem ungenannten Sachverständigen als erforderlich bezeichnete Spezifikation der Wechsel nach Umlaufszeit, Anzahl und Größe scheint Gontard zu weit zu gehen; auf die Wechsel und nicht auf die Effekten bezieht sich wohl auch die ablehnende Haltung Gontards in betreff der Trennung der inländischen von den ausländischen. Zweifelhaft bleibt, ob die von Gontard weiter zitierten Forderungen des Sachverständigen seine Billigung finden: Trennung der Debitoren nach unbedeckten und bedeckten, letztere wieder gesondert in solche, die durch Bürgschaft und Hypotheken, in solche, die durch börsengängige Effekten und in solche, die durch nicht eingeführte Effekten bedeckt sind; außerdem Trennung der Debitoren nach ihrer Größe; Trennung der Lombards in solche Beträge, die durch Effekten, börsengängige und nicht börsengängige, und durch Waren, börsengängige und nicht börsengängige, gedeckt sind; endlich bei den Passiven Beachtung der Kündigungsfristen der einzelnen Posten. — Zu dem ersten Teil der Anforderungen bezüglich der Debitoren bemerkt Gontard selbst, daß dadurch eine außerordentliche Arbeit hervorgerufen werden würde, und hinsichtlich des zweiten Teils, daß dieses Verlangen direkt im Gegensatze stände zu den Äußerungen Webers, der dargelegt hatte, zu wie unerwünschten Folgen die Einzelaufführung von Forderungen, welche eine bestimmte Summe überschreiten, bei den kleineren Banken führen würde.

In den Erörterungen über die Publikation der Bilanzen tauchten Zweifel darüber auf, wie — nachdem die Idee staatlicher Beaufsichtigung keinen Boden gefunden hatte — dafür zu sorgen sei, daß die Veröffentlichung von Zwischenbilanzen nicht wieder einschlafe. Ganz abweisen ließ sich diese Möglichkeit schon aus dem Grunde nicht, weil es sich um Betätigung freiwilliger Entschließung gehandelt hatte. Da warf das Kommissionsmitglied Roland-Lücke den Gedanken in die Diskussion, die Aufsicht einer ständigen Kommission für Bankangelegenheiten zu übertragen, die nicht auf Grund eines Gesetzes zu bilden wäre und nicht behördliche Eigenschaften irgendwelcher Art besitzen solle, sondern in Anlehnung an die Reichsbank frei ihre Bestimmung zu erfüllen hätte. Die Verfassung und die Aufgaben dieser Kommission hat Lücke in verschiedenen Ausführungen etwa folgendermaßen geschildert (S. 102/4, 138, 157, 167). Sie soll aus ungefähr 20 Mitgliedern bestehen, von denen etwa ein Drittel vom Reichstage aus seinen Mitgliedern zu entsenden wäre; sodann wären zwei bis drei führende Volkswirtschaftler und der Rest aus den Kreisen praktischer unabhängiger Männer, gleichviel welcher politischen Richtung, zu wählen. Mindestens zwei Drittel der Mitglieder, die nicht vom Reichstag entsendet sind, sollten alljährlich ausscheiden. (Nach einer späteren Äußerung würde Lücke auch das jährliche Ausscheiden von drei Vierteln oder auch der Hälfte der Kommissionsmitglieder für zweckmäßig erachten.) Es soll eine „Vergreisung“ verhindert und dafür gesorgt werden, daß häufig „frisches Blut“ zugeführt wird. Dieser Kommission würde vom Reiche oder der Reichsbank aus ein ständiger Sekretär bestellt und eine Arbeitsstelle einzurichten sein, dergestalt, daß hierin für die Kommission ein dauernder Mittelpunkt geschaffen würde. Der Sekretär hätte z. B. die Zwischenbilanzen zunächst selbst zu verarbeiten; er solle praktisch in die Materie eindringen und für Anregungen der Mitglieder zur Verfügung stehen. Die Kommission hätte, sobald sich Anlaß ergäbe, insbesondere wenn von zwei oder drei Mitgliedern die Abhaltung einer Sitzung beantragt wird, mindestens aber alle drei Monate zusammenzutreten. Was die Aufgaben der Kommission angeht, so wäre zunächst die Begutachtung der Zwischenbilanzen nach Form und Inhalt ihr Hauptzweck. Daneben soll sie (S. 102) beachten, ob Maßregeln ergriffen werden müssen, etwaige Mißbräuche der Banken zu erschweren oder unmöglich zu machen. Nach der Ansicht von Lücke soll sie aber noch zu weiterer Tätigkeit berufen sein. Er führte darüber wörtlich aus: „Ihr Mitglieder . . . habt nicht lediglich die Pflicht, das zu begutachten, was euch vorgetragen wird, sondern ihr werdet mit der Pflicht berufen, eurerseits Initiativen zu ergreifen, soweit ihr sie für das öffentliche Interesse und das Wirtschaftsleben für angemessen haltet . . . Die Kommission würde also erstens aus sich heraus, zweitens auf Anregung amtlicher Instanzen Anregungen und Klagen, die aus den wirtschaftlichen Vorgängen in Betracht kommen, danach zu erwägen haben, ob und in welcher Weise eine Initiative möglich und nützlich ist; sie wird vielleicht auch einmal fragen: tust du, Reichsbank, deine Schuldigkeit? tust du, Börsenkommissar, eventuell deine Schuldigkeit? — Die Reichsbank und die übrigen Reichsinstanzen würden die Möglichkeit haben, wenn sie diese oder jene Frage mit besonderer Sorge betrachten, in der Kommission dieselbe auch mit praktischen Leuten zu erörtern und vielleicht auf diese Weise wirksame Schutzmaßregeln zu finden, bevor man mit Gesetzen eingreifen muß. Umgekehrt würden die Mitglieder der Kommission, die auch möglichst die verschiedenen Wirtschaftsanschauungen und die verschiedenen Wirtschaftsgebiete vertreten sollen, natürlich mit Anregungen herankommen, und es würden aus der Kommission ev. Mittel und Wege gezeigt werden — immer vom beratenden Standpunkte aus —, die den betreffenden Reichsbehörden zur weiteren Entscheidung überwiesen werden würden.“ An anderen Stellen: „Die Kommission soll alles andere als ein Aufsichtsamt sein. Es ist überhaupt kein Amt, das irgend welche Rechte hat, das auf einem Gesetz beruht, sondern es ist lediglich ein Kreis zu konsultierender und anregender Personen . . . Diese Kommission soll der getreue Eckart der Reichsbank, unseres Geldmarkts, unserer verschiedenen Bankfragen und auch unserer Banken sein. Der getreue Eckart rät, aber er ‚beaufsichtigt‘ nicht. Die Kommission hat gar kein Recht, irgend jemanden, eine Bank oder sonstwen förmlich zu vernehmen, sie ist eigentlich nichts anderes als ein Vertrauensrat . . . Wenn ein Mitglied der Kommission in diesem oder jenem Blatte irgend etwas findet, was seiner Ansicht nach wirklich wichtig genug ist, um bei der nächsten Sitzung erörtert zu werden, oder schleuniger, falls Gefahr im Verzuge ist, dann hängt es von ihm ab, ob es in der nächsten Sitzung die Sache vorbringen oder ob es ohne Sitzung dem Präsidenten der Reichsbank (dieser dürfte wohl als Vorsitzender der Kommission zu denken sein) irgendwelche vertraulichen Mitteilungen machen will." „Ich möchte die . . . Bankkommission nicht von vornherein mit einer mehr oder weniger gepanzerten Rüstung versehen, aus der sie gar nicht mehr heraus kann und auch keinen Anlaß hat herauszutreten; denn dann wäre ihr ja genau vorgezeichnet, was sie machen soll, und wir würden die Wirksamkeit dieser Kommission von vornherein auf eine schwache Grundlage stellen, wenn wir ihre Initiative und Verantwortung nach der Richtung beschränken oder ihr in genau formulierten Grenzen vorschreiben: das und das hast du zu tun. Erkennen Sie an, daß es wünschenswert ist, sich nicht auf die Selbsttätigkeit und freiwillige Erziehung zu beschränken, sondern in der Kommission der Reichsbank und den übrigen Instanzen einen getreuen Eckart . . . zur Seite zu stellen, nun, dann dürfen wir uns lediglich in dem Rate vereinigen, eine Kommission . . . zu bilden, mit dem Ziel, nicht bloß Rat zu geben, wenn der Rat von ihr gefordert wird, sondern auch aus sich heraus, je nach den wirtschaftlichen Vorgängen in Deutschland, der Reichsbank und damit indirekt auch einzelnen Gesellschaften oder einzelnen Wirtschaftszweigen Anregung zu geben . . ." Endlich, auf eine Bemerkung des Grafen von Kanitz, der annahm, es solle der Kommission eine Revisionstätigkeit obliegen, die Erläuterung: „Ich will nur, daß sie der Reichsbank sagt, da ist irgendein Punkt, der einen bedenklichen Eindruck macht; was hast du deswegen schon getan? Aber direkt wird sie keine Kontrolle ausüben." Nicht unerwähnt kann auch ein Zwischenruf von Roland-Lücke bleiben, der sich gegen die irrtümliche Auffassung des Frh. v. Cetto wendet, die Lückesche Kommission sei als Aufsichtsbehörde oder Beirat gedacht. Lücke warf ein: „Kein Beirat, eine freie Kommission."

Wie bereits hervorgehoben, konnte es nicht fehlen, daß ein zunächst nur mündlich in allgemeinen Umrissen vorgetragener Plan, der, wenn man gleich über seine Tragweite beim ersten Hören nicht sofort klar werden konnte, sich doch auch schon bei flüchtiger Überlegung als recht bedeutsam darstellte, manche Zweifel und Bedenken hervorrief. Besonders begreiflich wird das angesichts der vorstehend durch Sperrdruck hervorgehobenen

Sätze. In der Erörterung wurde schnell über eine Anzahl der Zweifelspunkte Klarheit geschaffen. Indessen wurde doch auch manches Bedenken laut. In erster Reihe wandten verschiedene Redner ein, daß die Lösung der Personenfrage große Schwierigkeiten verursachen würde. Der vorgesehene rasche Personenwechsel erfordere das Heranziehen einer großen Zahl von Männern, und es sei zweifelhaft, ob sie immer zu finden sein würden. Dazu komme, daß jeder eine gewisse Zeit gebrauche, um sich einzuarbeiten; müsse er schon nach einem Jahre wieder ausscheiden, so sei die Kontinuität gefährdet. Da die eigentlichen Sachkenner immer wohl Bankleute sein dürften, so seien auch Interessenkollisionen nicht ausgeschlossen, wenn das Bankierinteresse sich mit dem Reichsbankinteresse nicht decke. Offen bleibe auch die Frage, ob die Mitglieder im Hauptamt oder im Nebenamt tätig sein sollen; es wird vermutet im Hauptamt (Wachler S. 104, Gontard S. 130, Frhr. v. Cetto S. 138, Graf v. Kanitz S. 167). Sodann aber zeigte sich eine bunte Mannigfaltigkeit in den Auffassungen über die Stellung, die Obliegenheiten und den Zweck des vorgeschlagenen Gebildes und über die Voraussetzungen seiner Wirksamkeit. Wachler (S. 104 u. 140) erklärt unter Zurückstellung einiger Bedenken, er sähe in der Bildung der Kommission eigentlich eine Gefahr, insofern sie sich unter Umständen zu dem von ihm schärfstens abgelehnten Aufsichtsamt für das Bankwesen auswachsen könne. Er (Wachler) — und mit ihm andere — hatten der Ansicht Ausdruck gegeben, die überwachende Tätigkeit der Reichsbank und der Presse würden vollständig ausreichen, um groben Ausschreitungen einzelner Banken auf dem Gebiete der Kreditgewährung oder in anderen Geschäftszweigen vorzubeugen, namentlich in Verbindung mit den Zwischenausweisen. Eben deshalb perhorreszierten sie jede andere, namentlich staatliche Beaufsichtigung. Manches in den Zielen des von Lücke vorgeschlagenen Instituts erwecke nun den Eindruck, als ob hier das Aufsichtsamt unter anderem Namen wiederkehren solle. So habe Lücke hervorgehoben, die Kommission solle alle Klagen, die in der Presse sich über das Bankwesen geltend machten, prüfen, insbesondere auch: tut der Reichskommissar, tut der Börsenkommissar seine Schuldigkeit? Wenn jedoch den Intentionen des Antragstellers dergleichen fernliege, so finde er (Wachler) den Vorschlag durchaus akzeptabel und praktisch.

Nur müsse aber strikte daran festgehalten werden, daß der Beirat, wie er gedacht ist, ein Beirat nur für die Reichsbankverwaltung sein soll, nicht für irgendeine andere Instanz im Reiche. Letzteres würde bedenklich sein, weil die Kommission dann auch in der äußeren Erscheinung schon wieder mehr einer Behörde ähnlich werde. Die Reichsbank sei zwar jetzt schon in der Lage, durch Mahnungen und Hinweise auf die Bankwelt einzuwirken, wenn sie irgendwo bedenkliche Erscheinungen wahrnehme. Aber sie habe oft die Erfahrung machen müssen, daß es dann schon zu spät zur Umkehr war. Daher müsse die große Bankwelt helfen, das Entstehen kritischer Verhältnisse zu verhindern. Hierzu würde nun, nach Meinung des Redners, der vorgeschlagene Beirat wohl geeignet sein. Wenn den Mitgliedern bei der Besprechung der Bilanzen in den Sitzungen irgend etwas auffiele oder sonst innerhalb ihres Lebenskreises etwas bemerkbar würde, sollten sie der Reichsbank die Anregung geben: nach der und der Richtung könnte heute wohl schon vorsorglich etwas geschehen. Auf diese Weise und indem sie einen Beirat hinter sich habe, der sie gewissermaßen zwinge, würde der Reichsbank dieses sehr ominöse und wenig erfreuliche Amt erleichtert. Zwar habe das Reichsbankpräsidium keine Deckung nötig, aber man sei nicht gern immer selber der schwarze Mann und empfinde es angenehm, wenn man sich auf ein aus dem Wirtschaftsleben hervorgegangenes Kollegium beziehen könne.

Mommsen (S. 108) hält den Lückeschen Vorschlag für durchaus beachtenswert. Aber freilich sei die Kommission eigentlich nichts anderes als eine dauernde Bankenquete, und deshalb unterliege die Idee doch einigen Bedenken. Es beständen aber ähnliche dauernde Gebilde, z. B. die Berliner „Stempelvereinigung“ (Kommission der Großbanken), die recht nützlich wirkten. Die neue Kommission sollte sich übrigens für ihre statistischen Arbeiten über Zwischenbilanzen usw. von vornherein eine gewisse Grenze ziehen. Die Berücksichtigung der Banken von weniger als 1 Million oder noch richtiger von 2½ Millionen Kapital habe für die allgemeinen volkswirtschaftlichen Aufgaben eigentlich gar keine Bedeutung. Weber (S. 115) möchte den Lückeschen Vorschlag, den er billigt, noch erweitern. Er hält es für ersprießlich, wenn der zu bildende Bankausschuß befragt werde, sobald es sich um Emissionen neuer Anleihen für das Reich und die Bundesstaaten handelt. Gegenüber der häufigen Klage, daß diese Anleihen oft in den allerungünstigsten Momenten herauskommen, würde die rechtzeitige Ratserteilung dieses Beirats den Finanzministern durchaus von Nutzen sein. Schinckel (S. 119) erklärt, daß ihm der Vorschlag im großen und ganzen durchaus sympathisch sei, nur dürfe er nicht etwa an die Idee des Aufsichtsamts heranreichen. Durch den Beirat würden der Reichsbank die großen Aufgaben, vor die sie sich gestellt sieht, erleichtert werden können. Im übrigen denkt sich Redner die Kommission als Zwischenstelle für die statistische Verarbeitung der Zwischenbilanzen. Auch sonst werde es nützliche Arbeit für sie geben, beispielsweise die Vorprüfung statistischen Materials über Emissionen vor dessen Publikation. — Peter (S. 121) sieht in Lückes Vorschlag einen glücklichen Gedanken, dessen Durchführung für die Öffentlichkeit beruhigend wirken müßte. Die Arbeit der Kommission würde der gesunden Fortentwicklung unseres Kreditwesens dienen und die Reichsbank in ihrer nach dieser Richtung liegenden Aufgabe unterstützen. — Wagner (S. 121) findet Lückes Vorschlag gar nicht so sehr von seiner eigenen Idee der Errichtung eines „formalen" Aufsichtsamts abweichend. Er (Wagner) und andere wollen wenigstens zu einer Art Beurteilungskommission kommen, die Lückesche Kommission laufe auf etwas Ähnliches hinaus. Ob man zu dem Beirat, der Kommission oder der Behörde im Wege des Gesetzes oder in anderer Weise gelange, wäre noch zu erwägen (S. 124). Er würde es schon für einen Segen halten, wenn aus den Erörterungen das hervorgehe, daß irgendeine quasi Kontrollinstanz geschaffen wird. Das stimme mit dem, was Roland-Lücke gesagt habe, überein (S. 125). Gelinge es, auf diese Weise statt dessen, was er (Wagner) vorgeschlagen habe, das Aufsichtsamt in einer derartigen, mehr freien Gestalt einzurichten, möglichst in Verbindung mit der Reichsbank, so sei schon ein ungeheurer Schritt vorwärts getan. Ob freilich diese Kommission immer gegenüber allen Banken und Bankiers, von denen der eine oder andere sich doch vielleicht nicht so ohne weiteres fügen werde, Autorität genug haben werde, müsse dahingestellt bleiben (S. 182/3). — Kämpf (S. 128 u. 171) schließt sich dem Lückeschen Vorschlage an, wenn damit keine Behörde gemeint sei, auch nicht die „quasi Kontrollbehörde" Wagners. Der Beirat müsse sich an die Reichsbank anlehnen als eine begutachtende Kommission für den Reichsbankpräsidenten. Darunter sei auch sehr wohl zu verstehen, daß die Mitglieder aus eigener Initiative Vorschläge machten und sich nicht darauf beschränkten, abzuwarten, bis ihnen Vorlagen zur Begutachtung gemacht würden. Gegen jede weitergehende Tätigkeit dieser Kommission würde sich Redner auf das allerentschiedenste aussprechen. — Frhr. v. Cetto (S. 138) spricht sich nicht gegen Lückes Anregung aus, macht aber, abgesehen von der schon erwähnten Personenfrage, noch auf ein Bedenken aufmerksam, in dem sich seine weitgehende Auffassung von der Bestimmung der Körperschaft deutlich widerspiegelt. Man gebe sich bei Errichtung dieser Aufsichtsbehörde, dieses Beirats vielleicht Hoffnungen hin, die zwar berechtigt erschienen, deren Erfüllung aber sehr fraglich sei. Meine man es ehrlich mit der Sache, so werde man fragen müssen, wie es überhaupt möglich sein solle, sie in einer Weise durchzuführen, die den hohen Anforderungen, die an die Aufgabe gestellt werden, einigermaßen entspricht, die den berechtigten Anforderungen, welche das Publikum an diese Einrichtung im Interesse seiner eigenen Sicherheit stellt, Genüge leistet und eine Garantie dafür gewährt, daß die Übelstände, welche wir jetzt beklagen oder wahrzunehmen glauben, wirklich auf die Dauer beseitigt würden. Die Verantwortung sei so groß, daß man sagen müsse, der Gesetzgeber wird sie kaum tragen können. Raab (S. 149) sieht in der Lückeschen Kommission weniger eine Kontrolle, eine Aufsicht, als vielmehr eine Belehrung der Bankleiter. Offenbar setzt er voraus, daß der Beirat Revisoren aussenden werde. Er zieht zum Vergleich die Wirksamkeit und den Einfluß der Verbandsrevisoren bei den Genossenschaften heran. Wie diese weniger in der eigentlichen Kontrolle als in nützlichen Anregungen und Vorschlägen den wichtigsten Teil ihrer Tätigkeit fänden, so werde es zukünftig auch sehr dienlich sein, wenn ein Bankrevisor den Aufsichtsrat und Vorstand zusammenberufe und nach Prüfung der ganzen Verhältnisse ihnen einen praktischen und mehr noch theoretischen Unterricht erteile. Für große Banken möge das überflüssig sein, aber nicht für kleinere. Es sei wünschenswert, daß der Beauftragte eines offiziellen Beirats sich mehr als Instrukteur fühlte als ein nach kleinen Fehlern suchender Beamter. — Schmidt

(S. 155/6) möchte, daß an die Stelle des Aufsichtsamts die Reichsbank tritt, eventuell mit einem Beirate von 20 Mitgliedern aus Reichstagsmitgliedern, Mitgliedern der Stempelvereinigung, des Zentralausschusses der Reichsbank und Männern der Wissenschaft. Dessen Stellung wäre eine rein konsultative, etwa entsprechend der des Landeseisenbahnrats gegenüber der Staatsbahnverwaltung; er würde sich gutachtlich über alle das Bankwesen betreffenden Angelegenheiten zu äußern haben. Graf v. Kanitz (S. 167) hat ursprünglich angenommen, daß die Kommission in gewisser Beziehung auch eine Art von Aufsicht ausüben soll. Wenn das auch nicht der Fall wäre, so hebe er doch hervor, „wir müssen uns vor allen Maßnahmen hüten, welche eine Behörde oder eine Kommission veranlassen könnten, zu tief in den Geschäftsbetrieb einer Bank einzudringen". Wenn von der Kommission eine Rückfrage an eine Bank veranlaßt, ein Monitum gezogen würde, so könne das leicht weiteren Kreisen bekannt werden und eine Schädigung des Kredits nicht bloß der beteiligten Bank, sondern auch der Personen, deren Wechsel etwa als nicht sicher genug bemängelt worden seien, zur Folge haben. — Lexis (S. 179/80) erwartet von dem Beirat in erster Linie die Verwertung der Bilanzmaterialien und nimmt an, daß er berufen sein würde, der Reichsbank die Gelegenheiten nachzuweisen, wo sie mit ihrem Druck und ihrer Anregung einsetzen könnte. Im übrigen solle er auch nach Redners Ansicht keineswegs eine aktiv eingreifende Behörde, sondern wesentlich eine Beobachtungs- und Beurteilungsinstanz sein. Indessen will Lexis den Beirat offenbar auch als begutachtende Stelle für andere Behörden konstruieren; er sieht beispielsweise dessen Anhörung durch den Bundesrat bei Erlaß von Bestimmungen über Zwischenbilanzen vor (S. 179). Zugunsten der Lückeschen Anregung, wenn auch zum Teil nur „im Prinzip", sprachen sich Gontard (S. 130), Singer (S. 146), Fischer (S. 151) aus; die Ausführungen von Heiligenstadt (S. 166) und Ströll (S. 180/1) dürfen unbedenklich auch als Zustimmung angesehen werden. — Nicht auf Lückes Standpunkt stellten sich Riesser und Freiherr v. Gamp, wenngleich sie des ersteren Vorschläge nicht ausdrücklich ablehnten. Riesser (S. 136) wies darauf hin, daß er selber in der Zeitschrift „Der Tag" bereits die Bildung eines im Wege der Verordnung (nicht des Gesetzes) zu schaffenden Beirats für möglich erklärt habe, der

der Regierung in Bankfragen beratend zur Seite stehen sollte und der aus Bankdirektoren — jetzigen und früheren — und Bankiers zusammenzusetzen wäre. Es unterliegt wohl keinem Zweifel, daß Lücke an diese Anregung dachte, als er durch den bereits erwähnten Zwischenruf darauf hinwies, daß die ihm vorschwebende freie Kommission kein Beirat sein solle. Freiherr v. Gamp (S. 161/2) äußert gegen alle derartigen dauernden Institutionen Mißtrauen. Man hätte beispielsweise anstatt des Aufsichtsamts für Privatversicherung eine Verwaltungskommission einsetzen sollen, um die vorhandenen Mißstände zu beseitigen, dann hätte ersteres nicht nötig, jetzt, nach Erfüllung seiner eigentlichen Aufgabe, nach Arbeit zu suchen. Er (Freiherr v. Gamp) will das von ihm vorgeschlagene Reichsinstitut (vgl. S. 34) mit einem Beirate, einem Ausschusse, ausstatten, der aus den Privatbanken, Sparkassen usw. hervorgehen soll und bei der Verwaltung mitzuwirken hätte. Dem Vorsitzenden des Reichsinstituts soll die Möglichkeit gegeben werden, in bezug auf die Einrichtungen der Banken, die Bilanzen usw. Normativbestimmungen zu erlassen. Im übrigen ist Freiherr v. Gamp der Meinung, daß die Reichsbank durch freundschaftliche Einwirkung auf die Banken, einen sanften Druck, gelegentlich auch durch einen kleinen Rippenstoß, vieles zur Besserung von den Verhältnissen beitragen könnte.

Wenn es hiernach den Anschein gewinnen könnte, als ob hinsichtlich der Durchführung des Roland-Lückeschen Vorschlages noch ziemlich weitgehende Meinungsverschiedenheiten obwalteten, so muß doch der Eindruck der verschiedenen Ausführungen auf die Mitglieder ein anderer gewesen sein. Denn ohne Widerspruch ist von mehreren Rednern, besonders von Wagner, Singer, Schmidt, hervorgehoben worden, daß über den Grundgedanken eine Verständigung erzielt sei. Die Unterschiede in der Auffassung über Stellung und Obliegenheiten der in Vorschlag gebrachten Kommission hätten danach nur die Bedeutung von Wünschen und Anregungen gegenüber einem festen Grundgedanken. Als solchen wird man den Vorschlag aufzufassen haben, eine freie Kommission in Anlehnung an die Reichsbank zu bilden, deren Obliegenheiten zum mindesten in der Ausübung einer konsultativen Tätigkeit zu bestehen hätten, die aber nach außen hin lediglich durch Vermittlung der Reichsbank zu wirken vermöchte. Gegenüber den Kreditbanken, Genossenschaften,

Sparkassen, kurz, gegenüber allen Organisationen des öffentlichen Kreditwesens hätte die Reichsbank eine Art von Ordnungspolizei zu handhaben und in Form vertraulicher Einwirkung auf die leitenden Personen zu betätigen.

Das Schlußwort des Leiters der Verhandlungen, Reichsbankpräsidenten Havenstein, läßt erkennen, daß trotz des anscheinenden Mangels positiver Ergebnisse doch der Enquete von den staatlichen Instanzen ein nicht unerheblicher Wert beigemessen wird. Zwar deutete der Vorsitzende an, es sei nur bezüglich des ersten Teils der Verhandlungen das eine der gesteckten Ziele: Klärung der Fragen und Abmilderung der Gegensätze, zu erreichen gelungen; indessen bleibt es doch ein nicht minder wichtiger Erfolg, wenn, wie es nach dem Zeugnis von Exzellenz Havenstein der Fall gewesen ist, durch die Erörterungen Streit, Zweifel und Meinungsverschiedenheiten, welche über die im zweiten Teile behandelten Fragen im Lande entstanden waren, nach Menschenmöglichkeit ausgeräumt und aufgeklärt werden konnten. Auf alle Fälle aber haben die Besprechungen und Verhandlungen für die Wissenschaft und die Praxis gleicherweise einen bleibenden Wert. Die Öffentlichkeit aber darf mit einem Gefühl der Beruhigung davon Kenntnis nehmen, daß, wie der Vorsitzende ausführte, zwar manche Mißstände und Schäden in unserer Kreditorganisation vorhanden sind, wie sie mit schneller wirtschaftlicher Entwicklung zu verbunden sein pflegen, daß aber diese Schäden keineswegs festgewachsen sind. Vielmehr können die Mißstände und Übertreibungen recht wohl wieder ausgemerzt werden, wenn — wiederum nach den Worten des Vorsitzenden — die verantwortlichen Leiter und Führer unserer verschiedenen Kreditorganisationen und Kreditinstitute sie klar erkennen und mit weitem Blick, mit Besonnenheit, mit ernstem Willen selbst die Zügel für das notwendige Maßhalten kürzer fassen.

Wie aber auch die Ausbeute der Enquete beurteilt werden mag, außer Zweifel darf es stehen, daß eine geschicktere, sachgemäßere Leitung, eine sorgfältigere, liebevollere Vorbereitung der Verhandlungen nicht möglich war. Man gewinnt den Eindruck, daß die dankbare Anerkennung, die der ruhig-anspruchslosen, dabei aber doch gleicherweise festen, zielsichern, wie wohlmeinend-versöhnlichen Leitung durch den Reichsbankpräsidenten Havenstein von allen Seiten zuteil wurde, wirklich empfunden war und nicht herkömmlicher Höflichkeit entsprang.

II.

Jeder Versuch einer Kritik über den zweiten Teil der Bankenquete muß sich zunächst mit der Tatsache auseinandersetzen, daß das Material, auf welches es in erster Linie ankommt, nicht zugänglich ist: die Aussagen und Gutachten der Sachverständigen. Schon bei dem ersten Teile fiel das Fehlen des Urmaterials schwer ins Gewicht. Es trug indessen manches dazu bei, daß der Mangel nicht allzuscharf hervortrat, so insbesondere der Umstand, daß die zur Erörterung stehenden Fragen im Grunde weniger aus eigener praktischer Erfahrung und persönlicher Wahrnehmung, als auf Grund von Erwägungen mehr theoretischen Charakters beantwortet werden konnten. Anders bei dem zweiten, auf das Depositenwesen bezüglichen Teile. Hier bedeutete die Praxis nahezu alles; die Theorie konnte mehr in den Hintergrund treten. Aus diesem Grunde hätte die Öffentlichkeit das größte Interesse daran gehabt, die Ansichten der Sachverständigen kennen zu lernen. Daß daneben auch die Kenntnis der Kommissionsverhandlungen von nicht geringem Werte ist, soll nicht bestritten werden, schon aus dem Grunde nicht, weil in der Kommission sowohl die nationalökonomische Wissenschaft wie die Praxis in ganz hervorragender Weise vertreten war. Aber eben hierin steckt auch eine Schwäche. Denn gerade diese hervorragenden Männer werden bei allem Bemühen, die Sachverständigengutachten objektiv zu würdigen und zu verarbeiten, sich von einem gewissen Subjektivismus schwerlich völlig freizuhalten vermocht haben. Es ist zu menschlich, daß der Sachverständige *seine* Ansichten und nicht die von Dritten vertritt. Man hätte nicht einmal wünschen können, daß es im vorliegenden Falle anders gewesen wäre, weil ohne allen Zweifel auf die persönlichen Ansichten der in Betracht kommenden Mitglieder großer Wert zu legen ist. Aber die Möglichkeit der Prüfung ob und inwieweit die Anschauungen der kontradiktorisch vernommenen Sachverständigen in den Grundzügen von denen der Kommissionsmitglieder abweichen, und weiterhin, welche Stellung jene, unter denen sich doch auch zahlreiche Personen von bedeutender Sachkenntnis und Erfahrung befunden haben, den vorgelegten Fragen gegenüber einnahmen, sollte doch der Öffentlichkeit nicht entzogen werden. Der Einwand, die Enquete sei lediglich zum Zwecke der Information der zuständigen Behörden unternommen worden, würde als nicht stichhaltig anzusehen sein. Neben dem rein formalen Grunde, daß dann auch die Veröffentlichung der Kommissionsverhandlungen hätte unterbleiben sollen, sprächen zu viele Gründe tatsächlicher Art gegen eine derartig enge Auffassung. So wertvolles Material darf nicht in den Aktenschränken verstauben; die Wissenschaft, dann aber auch das praktische Leben haben ein Anrecht auf jenes. In anderen Ländern hat man die Vernehmungsprotokolle ähnlicher Enqueten glatt veröffentlicht. Auch bei uns ist das bezüglich der Börsenenquete noch geschehen. Dem Vernehmen nach hat man freilich gerade auf Grund der mit der Veröffentlichung der Börsenenqueteverhandlungen gemachten Erfahrungen geglaubt, den Sachverständigen von vornherein zusichern zu müssen, daß ihre Aussagen nicht veröffentlicht werden sollten. Wenn dem wirklich so wäre, so könnte dieses Vorgehen nur tief bedauert werden. Zunächst nach der subjektiven Seite hin, denn es läge in dem Verfahren die Auffassung, daß Sachverständige sich durch die Furcht vor möglichen ungünstigen Wirkungen ihrer Gutachten auf ihre bürgerliche Stellung würden abhalten lassen, ihre Ansichten frei auszusprechen. Weiter aber auch in allgemeiner Richtung. Wenn vor einem halben Menschenalter unter dem Eindrucke der Ankündigung von Maßregeln, die von dem Stande der Börsenkaufleute als Herabwürdigung und persönliche Kränkung empfunden wurden, die begreifliche Erregung viel zu weit ging, indem sie das Ausscheiden von zwei wohlmeinenden und höchster Wertschätzung würdigen Vertretern dieses Standes aus dem Kollegium der Ältesten der Kaufmannschaft von Berlin veranlaßte, so liegt doch heute nicht der mindeste Grund vor, an Ähnliches zu denken. Die Sachlage gäbe selbst dann keinen Anlaß zu Befürchtungen dieser Art, wenn nicht auch die Anschauungen der Menschen sich verändert hätten.

Es war auch notwendig, diese Umstände zu erwähnen, weil in den Verhandlungen der Kommission ziemlich häufig auf Gutachten von Sachverständigen Bezug genommen wird, diese Hinweise aber, weil diese Gutachten unzugänglich sind, unverständlich bleiben (z. B. Wachler S. 17, Frhr. v. Cetto S. 52/53, Schinckel S. 174 und 176). Daneben aber wird nicht minder häufig in dem Leser der Eindruck erweckt, daß die Reden lediglich die eigenen Anschauungen des Redners wiedergeben. Auf Empfindungen ähnlicher Art sind vermutlich auch die Äußerungen einiger Mitglieder zurückzuführen, in denen sich der Wunsch nach Offenlegung der Sachverständigengutachten ausdrückt (z. B. Gontard S. 130, Heiligenstadt S. 10, Schinckel S. 174). Die stenographischen Protokolle der Verhandlungen der Enquetekommission können hiernach nicht etwa so angesehen werden, als gäben sie in durchgearbeiteter Form inhaltlich die Ergebnisse der Sachverständigenbefragung wieder. Vielmehr stellen sie nichts weiter dar als Betrachtungen und Meinungsäußerungen, die bald an die kontradiktorischen Vernehmungen anknüpfen, sich bald von ihnen entfernen, aber offenbar ihren sachlichen Inhalt nicht erschöpfen.

Die Kommissionsberatungen haben die Lösung der grundlegenden und Kernfrage: Was sind Depositengelder? nicht gebracht. Daß die Kommission das Problem erschöpft habe, wird niemand behaupten können. Es ist sogar zweifelhaft, ob ihre Absicht darauf ging. Möglicherweise liegen in dem von den Sachverständigen beigebrachten Material so viele Bedenken gegen den Versuch, eine juristisch brauchbare Definition für den Begriff Depositengelder zu finden, daß die Mehrheit es vorzog, bei dem non liquet zu bleiben. Beispielsweise wird es nicht wenige geben, die in der Anschauung leben, es werde, wenn die Formel für die Unterscheidung der Depositengelder von den fremden Geldern gefunden sei, das Feld für gesetzgeberische Experimente erst recht frei werden.

Da die Sachverständigenaussagen geheim sind, so wird es sich die Kommission gefallen lassen müssen, daß man sich lediglich an ihre Verhandlungen hält. Diese allein bringen keine recht überzeugende Aufklärung darüber, warum man dem Problem nicht etwas energischer zu Leibe gerückt ist. Man kommt angesichts der feierlich-umständlichen Erörterungen über einen nicht gerade sehr glücklich formulierten Satz in den von der Reichsbank bearbeiteten „Materialien“ zu der Vermutung, die Kommission in ihrer Mehrheit habe geargwöhnt, daß der Begriffsbestimmung sofort ein gesetzgeberisches Eingreifen in die Materie folgen werde. Jener Satz lautete, daß „die Schwierigkeiten der Begriffsbestimmung und die Abgrenzung der in Frage kommenden Gelder allein kein Hindernis bieten dürften, wenn ein Eingreifen der Gesetzgebung grundsätzlich überhaupt als erwünscht erachtet werden sollte.“ Die Stelle gewann in den Augen der Mitglieder ihre besondere Bedeutung in Verbindung mit einem späteren Satze, in dem ausgedrückt wurde, daß die Aufgabe (nämlich die Lösung des vorliegenden Problems) schwer sei, jedoch nicht unlösbar scheine. Man nahm das merkwürdigerweise für eine Art programmatischer Kundgebung der Reichsbank. Welchen Anstrich die Dinge damals aber auch gehabt haben mögen, so erfolgte doch sofort von seiten des Vorsitzenden, Reichsbankpräsidenten Havenstein, eine unzweideutige Erklärung darüber, daß es völlig unzutreffend sei, wenn man annehme, den verbündeten Regierungen käme es lediglich darauf an, Material für ein gesetzgeberisches Vorgehen zu gewinnen. Es könne jede Lösung, auch ohne gesetzliche Eingriffe, in Betracht gezogen werden.

Es wäre freilich nicht das erste Mal, daß eine Regierung sich bei passender Gelegenheit durch die Umstände zwingen ließe, derartige Erklärungen in ihrem Sinne zu interpretieren. Im vorliegenden Falle durfte zwar als sicher angesehen werden, daß der Vorsitzende ohne jeden Hintergedanken sprach, es darf aber mißtrauischen Gemütern auch nicht übel genommen werden, wenn sie daran dachten, daß kein Mensch über die Stellungnahme z. B. des Bundesrats im voraus sichere Angaben machen könne.

Trotz alledem bleibt es nicht recht verständlich, wenn die Kommission verschiedenen Einzelanregungen gegenüber so überaus zurückhaltend blieb. Darüber konnte doch schwerlich ein Zweifel bestehen, daß, wenn die Flut der Forderungen nach einer gesetzlichen Regelung der Materie im Sinne des Schutzes der Depositengelder noch weiter anschwellen sollte, ihre — der Kommission — Erklärung, die Schwierigkeit der Begriffsbestimmung sei zu groß, keinen Damm gegen jenen Strom zu bilden vermöchte. Es hat ja auch in der Kommission nicht an

Stimmen gefehlt, die auf die Möglichkeit hinwiesen, daß die Unlösbarkeit der Abgrenzungsfrage die Vertreter des Gedankens der Schutzbedürftigkeit der Depositengelder veranlassen könnte, nunmehr den Schutz sämtlicher fremden Gelder der Bankgeschäfte für notwendig zu erklären.

Nimmt man an, daß die Kommission zu ihrer negativen Haltung gekommen ist, weil ihr tatsächlich die Schwierigkeiten einer allen rechtlichen und wirtschaftlichen Gesichtspunkten in einwandsfreier Weise gerecht werdenden Definition des Begriffs der Depositen zu groß erschienen, so ist hier wieder einmal das Bessere des Guten Feind gewesen. Vernünftigerweise kann man von einer aus Vertretern der verschiedensten Berufszweige zusammengesetzten Körperschaft nicht die Beantwortung juristischer oder ökonomischer Doktorfragen verlangen. Überdies ist es doch nachgerade klar geworden, daß es sich bei der Lösung des Problems nicht darum handelt, spitzfindige begriffliche Unterscheidungen festzulegen, sondern um das Ausfindigmachen brauchbarer äußerlicher — wohl zu unterscheiden von nach außen hin feststehender — Kennzeichen. Es verschlüge wirklich nichts, wenn diese nicht haarscharf den inneren Verhältnissen entsprächen, um so weniger, als ja auch eine allgemein anerkannte theoretische Begriffsbegrenzung für die verschiedenen Gattungen der fremden Gelder noch nicht besteht. Überdies kann bekanntlich jeder Einteilung ein Schnippchen geschlagen werden, beispielsweise durch Einräumung einer Kündigungsfrist u. dgl. Ohne eine gewisse Unbekümmertheit, ohne ein frisches Anpacken der Aufgabe, frei von Sorge darüber, ob die ganz richtige Lösung auch auf den ersten Wurf gelingt, ist gegenüber dieser Frage nicht vom Flecke zu kommen. Wenn die Kommission den Versuch gemacht hätte, in solcher Weise vorzugehen, so wären natürlich leidenschaftliche Proteste von allen denen zu erwarten gewesen, die lieber verhungern, als ohne Messer und Gabel speisen. Aber ob nicht der Sache der friedlichen Weiterentwicklung unseres Bankwesens damit gedient gewesen wäre, ist die Frage.

Mit den Heiligenstadtschen Vorschlägen, die die wirtschaftliche Natur und Herkunft der Bankeinlagen zum Unterscheidungsmerkmal machen wollten, war freilich nach den soeben entwickelten Gesichtspunkten nichts anzufangen. Roland-Lücke hat das am lebendigen Beispiel nachgewiesen. Auch die

Lexisschen Anregungen konnten auf keine Annahme rechnen, weil hier, wie bei Heiligenstadt, nicht mit rein äußerlichen Kennzeichen gerechnet wurde. Dagegen führte die von Kämpf angeregte Unterscheidung schon sehr viel weiter und hätte wohl eine eingehende Erörterung verdient, wenn auch Kämpf bewußtermaßen stark al fresco gemalt hat. Jedenfalls ist es schon viel, wenn, wie Kämpf mit Recht erklärt, die Bankhäuser die Unterscheidung würden machen können, an die er denkt, indem nämlich als Depositengelder alle Einlagen von Personen anzusehen sein sollen, die mit dem beteiligten Bankhause in keiner sonstigen Geschäfts- (oder Kredit-) Verbindung stehen.

Niemand wird in dieser Formulierung eine ideale Lösung sehen, am wenigsten gewiß Kämpf selber. Bei dem wohlverdienten großen Ansehen, in dem er als Fachmann steht, wäre aber doch seine Anregung vielleicht der Ausgangspunkt zu ersprießlichen Erörterungen geworden, wenn nicht ein unglückliches Zusammentreffen von Umständen dazu geführt hätte, daß er erst sehr spät (am letzten Sitzungstage) seine Ausführungen machen konnte. Vielleicht regt aber doch seine dankenswerte Bemerkung dazu an, daß in der angedeuteten Richtung fortgesucht wird.

Die Politik des Zusehens mit verschränkten Armen hat, darüber darf man sich nicht täuschen, vieles Bedenkliche. Sie hat freilich vor derjenigen, die es für notwendig erklärt, endlich einmal einen Anfang zu machen, das voraus, daß ihre Bekenner die Pfeile und Schleudern der Kritik nicht auszuhalten haben. Auf alle Fälle sollte aber der Satz feststehen, daß Schwierigkeiten der Begriffsbestimmung allein unmöglich ein Hindernis für eine Maßnahme bieten können, wenn deren Notwendigkeit anerkannt wird.

Ist es aber wirklich notwendig, irgend etwas zur besseren Sicherung der fremden Gelder im allgemeinen oder der Depositen im besonderen zu tun? Von der Mehrheit der Kommissionsmitglieder ist diese Frage verneint worden, wenn auch nicht aus den gleichen Gründen. Die Mehrzahl war aber jedenfalls darüber einig, daß die Liquidität und die Sicherheit der fremden Gelder weder bei den Banken, noch bei den Genossenschaften und Sparkassen gefährdet erscheine. Wünsche nach Verbesserung des Grades der Liquidität und damit der Sicherheit gelangten zwar zum Ausdruck, aber am wenigsten bezüglich der Großbanken. Nicht gerade neu war die Feststellung, daß die von der Öffentlichkeit als unbedingt sicher angesehenen Sparkassen vielfach eine äußerst mangelhafte Liquidität besäßen; ein gewisses Erstaunen löste sie aber doch aus. Manches leise Bedenken galt auch den Genossenschaften. Aber das eigentliche Interesse richtete sich doch nur auf die Banken, und es ist schwerlich zuviel gesagt, wenn man die Betrachtungen über Genossenschaften und Sparkassen als bloße Anhängsel bezeichnet. Und die Erörterung über die Kreditbanken gestaltete sich infolgedessen zu einer Aufrollung des Kreditbankproblems überhaupt. Auf diese Erörterung muß etwas näher eingegangen werden.

Das Rückgrat der Diskussion bildete der von Heiligenstadt erhobene Vorwurf der mangelhaften oder unrichtigen Zweckzuweisung der in den Machtbereich der Banken gelangenden Geldkapitalien. Wie das kam, begreift sich leicht aus dem Zusammenhange dieser Generalanklage mit nahezu allen sonst den Banken gegenüber geltend gemachten Bedenken. Da ist zunächst die Inanspruchnahme der Banken durch die Industrie. Will man der Heiligenstadtschen Theorie gerecht zu werden suchen, so muß man sie unter dem Gesichtspunkte der übermäßigen Verwendung von Bankgeldern für industrielle Zwecke betrachten. Heiligenstadt nimmt einen ungesund engen Zusammenhang zwischen Banken und Industrie an und führt in erster Linie auf ihn die zu weitgehende Festlegung von Kapital zurück. Hieraus, aus der Verwendung von Betriebskapital zu Anlagezwecken, leitet Heiligenstadt eine Mitschuld der hierfür Verantwortlichen an den eintretenden Krisen her. Das ist auch Adolf Wagners Grundgedanke. Dieser geht aber zweifellos zu weit in seiner Befürchtung über die Wirkungen der Beziehungen zwischen Banken und Industrie. Wenn er in seiner temperamentvollen Art den Satz vertritt, es sei nötig, der heutigen Entwicklung „retardierende Gewichte“ anzuhängen, so steckt freilich ein berechtigter Kern in diesen Ausführungen. Nur übersehen Adolf Wagner und mit ihm viele seiner Anhänger, daß die gegenwärtigen Zustände keineswegs die Frucht des Willens einzelner Persönlichkeiten, sondern vielmehr Folgen eines Wettbewerbs sind, der in bezug auf seine Schärfe und seinen erdrückenden Einfluß von dem Außenstehenden so gut wie gar nicht beurteilt werden kann. Deshalb sind auch alle die Vorwürfe Wagners, die auf die leitenden Persönlichkeiten in den Bankverwaltungen zielen, nicht haltbar. Mag es richtig sein, daß den industriellen Geschäften von den Großbanken ganz besondere Aufmerksamkeit geschenkt wird, so wäre vom Standpunkte der einzelnen Aktiengesellschaft ein Bedenken gegen derartige geschäftliche Bestrebungen nur dann zu erheben, wenn sie Gefahren für die eigene Zahlungsfähigkeit herbeiführten. Wollte eine Bankleitung aus allgemein-wirtschaftlichen Rücksichten den Wegen der übrigen Großbanken nicht folgen, das Maß der industriellen Geschäfte verringern, was würde die Folge sein? In schnellem Tempo träte ein Zurückbleiben dieser Bank auf dem Gebiete der industriellen Beziehungen ein; mit dem Schwinden der Geschäfte verbände sich ein Rückgang der Gewinne, und da noch immer das Publikum und die Aktionäre die Höhe der ohne Gefährdung der Bankinteressen erzielten Dividenden als den einzigen Maßstab für die geschäftliche Tüchtigkeit der Bankdirektoren anzusehen pflegen, so lassen sich die Folgen leicht ermessen.

Die von Ströll stark unterstrichene Solidarität der Bankwelt gelangt zu einem erheblichen Teile gerade bei den industriellen Verbindungen der Großbanken in den Konsortialgeschäften zu einer Erscheinungsform, deren Besonderheit in der Berechtigung, aber auch der Verpflichtung des einzelnen Konsorten besteht, an den gegenwärtigen und zukünftigen Geschäften innerhalb eines bestimmten Kreises nach einem festgesetzten Verhältnis teilzunehmen. Um die Höhe dieser Beteiligung, der Quote, entspinnt sich ein zähes, energisches Ringen, denn in ihr drückt sich nicht etwa nur der Grad des Anspruchs auf Gewinnbeteiligung, sondern in einem gewissen Maße auch die Stellung der Bank zu den übrigen Konsorten, ihre Aktionskraft, ihr Einfluß, kurz ihr Prestige aus. Auch der überzeugteste Anhänger von Adolf Wagner würde unter den gegebenen Verhältnissen außerstande sein, seine Ideen durchzuführen, wollte er nicht auf den geschäftlichen Erfolg verzichten. Die Beschränkung, die sich der einzelne auflegt, erfolgt eben lediglich zugunsten seiner Mitbewerber. Das Zustandekommen des von der Allgemeinheit gutgeheißenen Geschäftsabschlusses kann der einzelne nicht hindern; er kann nur resignieren. — Die Solidarität hat aber auch allgemeinwirtschaftliche Vorteile. Der wesentlichste liegt darin, daß die Belastung des einzelnen der sachverständigen Kontrolle der übrigen unterliegt und eine nicht zu unterschätzende Gewähr dafür bietet, daß wenigstens innerhalb der Grenzen des den Zweck der Konsortialvereinigung bildenden Geschäfts kein Teilhaber über seine Kräfte belastet wird. Gewiß kann nicht geleugnet werden, daß das Verhältnis auch große Gefahren haben kann. So, wenn innerhalb eines Konsortiums sich eine Majorität von sehr unternehmungslustigen, sanguin veranlagten Persönlichkeiten zusammenfindet, die die Minderheit zu sehr expansivem Vorgehen verführt. Auch der einzelne wird in solchem Falle, trotz der geschilderten Folgen, schließlich seine Mitwirkung einschränken oder versagen müssen. Aber man darf doch billigerweise von ihm nicht mehr verlangen, als daß er das Wohl und Wehe seiner Gesellschaft zum bestimmenden Faktor macht, daß er seine Handlungsweise nur nach privatwirtschaftlichen Normen regelt. Der gesamtwirtschaftlichen Entwicklung gegenüber ist der einzelne unfrei und gebunden.

Die vielerörterte Abhängigkeit der Industrie von den Banken besteht höchstens noch bezüglich kleinerer Unternehmungen oder schwachfundierter Werke, und sie gereicht selbst dann noch oft der Industrie zum Vorteil. Nicht immer mag letzteres zutreffen, wenn private Bankhäuser ein industrielles Unternehmen patronisieren. Aber in der erdrückenden Mehrzahl der Fälle verfehlt Adolf Wagners Andeutung ihr Ziel, daß beim Abschlusse von Geschäften die Rücksicht auf die zu erzielende Tantieme von Einfluß sein dürfte. Der berechtigte Gedanke seiner Ausführungen behält noch genügende Bedeutung ohne diesen und manchen andern das Ziel überfliegenden Pfeil. Es kann und sollte auch nicht bestritten werden, daß die Stellung der Großbanken zur Industrie, in ihrer Gesamtheit verstanden, zuweilen das gebotene vorsichtige Abwägen vermissen ließ. Insofern liegt auch den Heiligenstadtschen Ausführungen eine richtige Wahrnehmung zugrunde. Nur darf die Sache nicht so aufgefaßt werden, als sei die „Zweckzuweisung“ des Neukapitals von dem freien Belieben der Bankleiter abhängig, als stände es in der Macht des einzelnen, retardierend in den Prozeß der Überführung des Betriebskapitals in stehendes einzugreifen. Nicht bloß die angeblich ihm zustehende Verfügungsgewalt versagt vollständig gegenüber dem Anprall der durch Gewinnhoffnungen und Gewöhnung in eine bestimmte Richtung gedrängten Kapitalmassen, es fehlt auch dem einzelnen jeder Maßstab dafür, wo für die gerade seiner Obsorge anvertrauten Kapitalien die Grenze liegt, von der ab eine Verwendung in stehenden Unternehmungen wirtschaftlich nicht mehr berechtigt sein soll. Es geht nicht an, für einen Übelstand, den die Gesamtentwicklung im Gefolge hat, den einzelnen verantwortlich zu machen. Die Genossenschaften und Sparkasen will Heiligenstadt in diesen Dingen auch nicht mit dem für die Banken von ihm vorgeschlagenen Maßstabe messen. Und von anderer Seite wird die Anlage der gewaltigen Kapitalien der Sparkassen in Hypotheken gebilligt, obwohl doch der Versuch, zwischen diesem Verfahren und der Übernahme industrieller Obligationen durch die Banken einen prinzipiellen Unterschied zu konstruieren, fehlschlagen muß.

In einem Punkte hat Adolf Wagner recht: zu beklagen und soweit möglich zu bekämpfen ist das, was er die Maßlosigkeit der Erwerbshast nennt. Sie, und sie allein ist die Triebfeder für die Entwicklung des engen Verhältnisses zwischen Banken und Industrie. Aber nicht bei den Banken, nicht bei der Industrie selbst liegt die treibende Kraft für die immer fortschreitende Ausbildung der letzteren, sondern lediglich bei dem Publikum. Es will sich an industriellen Gewinnen beteiligen, deshalb entwickelt es einen anscheinend unstillbaren Hunger nach industriellen Werten, und diesem Hunger entspricht eben die Geschäftsrichtung der Banken, und daraus schöpft schließlich die Industrie nur die Kraft zu immer neuer Betätigung.

Daß diese Bewegung neben großen Vorteilen in nationalwirtschaftlicher Beziehung doch auch ihre Bedenken hat, ist in der Kommission selbst von solchen Rednern anerkannt worden, die alles eher als Gegner der Industrie sind. Es ist gerade von dieser Seite z. B. darauf hingewiesen worden, wie irrationell es sei, Meliorationen aus Anleihen zu bestreiten; wie wenig der Industrie selber damit gedient sei, wenn jedes Aufsteigen der Konjunktur Anlaß gebe, die Werke zu vergrößern. Auch die Kumulation von Aufsichtsratsstellen in einer Person wurde als unerwünscht bezeichnet. Aber man war sich auch darüber klar, daß es sich hierbei, wie bei manchen Mängeln des heutigen Bankwesens, nur um Teilerscheinungen handle, mit deren Beseitigung wenig geändert werden würde. Gegen die Grundursache der industrialisierenden Richtung, gegen die Vorliebe des Kapitalistenpublikums für industrielle Werte, läßt sich nicht dadurch ankämpfen, daß man den Banken Abkehr von der Industrie empfiehlt oder, was dasselbe sagen will, daß man von ihnen verlangt, sie sollten bei der Zweckzuweisung des Kapitals sich nicht nur von privatwirtschaftlichen Gesichtspunkten leiten lassen. Viel richtiger wird das Problem von denjenigen angefaßt, die es als bedenklich bezeichnen, wenn Banken bei ihren Emissionen von industriellen Wertpapieren in der Weise verfahren, daß sie den Käufern für den Kaufpreis einen Kredit in laufender Rechnung einräumen, der mittels der Wertpapiere gedeckt sein soll. Meist ist eine derartige Kontokorrentforderung rein fiktiv, es sei denn, es fänden sich dritte Käufer für die „Sicherheiten". Solange das nicht der Fall ist, bedeutet das Verfahren nur eine Verschleierung der Tatsache, daß die Bank den gleichen Betrag von unverkäuflichen Wertpapieren besitzt. In dem Maße, wie derartige Manipulationen sich häufen, sinkt die Widerstandskraft der Bank und steigt die Gefahr für ihre Zahlungsfähigkeit. Der Zeitpunkt des Eingreifens der eigenen Kontrollorgane ist gekommen. Wird er versäumt, so kann allerdings bei einem Falle der Bank auch eine Schädigung der Depositengläubiger eintreten.

Die geschilderte Gefahr mag bestehen, wenngleich es schwierig wäre, auch nur annähernd zu ermessen, in welchem Umfange es der Fall ist. Im Gegensatz zu der Ansicht von recht sachkundigen Kreisen — z. B. des „Deutschen Ökonomist" — darf aber angenommen werden, daß die Großbanken sich vor dem Verfahren im allgemeinen hüten. Da ihr Emissionsgeschäft sich der Regel nach in der Weise entwickelt, daß ein dem industriellen Werk eingeräumter Kontokorrentkredit zu geeignet scheinender Zeit in Emissionskredit umgewandelt wird, so werden die Banken im eigensten Interesse diesen Zeitpunkt so wählen, daß der Verkauf der neugeschaffenen Werte gelingt. Lieber werden sie das industrielle Werk als Debitor behalten, als eine Reihe von Spekulanten mit zweifelhafter Zahlungsfähigkeit an dessen Stelle setzen. Wo aber doch Kontokorrentposten der erwähnten Art sich einstellen, zeigen sie die Sättigung des Publikums mit industriellen Werten an. Eine halbwegs verständige Direktion wird in dem Vorkommen einen Fingerzeig dafür erblicken, daß neuen industriellen Krediten oder gar der Ausdehnung der bestehenden industriellen Beziehungen gegenüber große Zurückhaltung geübt werden muß. Hierauf von außen einzuwirken, fehlt es an Mitteln. Deshalb und weil die Frage an sich zwar für die Gesundhaltung der Kreditorganisation sehr wichtig ist, mit der

Sicherung der ihrer Natur nach auf die leicht flüssig zu machenden Aktiva angewiesenen Depositen aber nur in loser Verbindung steht, konnte die Kommission es sich versagen, auf die Frage näher einzugehen.

Zu einem Bedenken gegen die Kreditbanken hat sich auch deren Tätigkeit bei der Emission ausländischer Anleihen in Deutschland entwickelt. Merkwürdigerweise ist sogar diese Frage mit der Sicherheit der Depositen in Verbindung gebracht worden. Nun mag es zutreffen, daß unter ganz besonderen Umständen die Liquidität und damit im Zusammenhange die Sicherheit der fremden Gelder einer Bank leidet, wenn letztere unmäßige Beträge ausländischer Wertpapiere übernimmt oder wenn sie für einen Teil derartiger Effekten auch in mäßigen Summen keinen Absatz findet. Aber in dieser Beziehung bedeuten doch ausländische Werte keine größere Gefahr wie inländische, vielleicht sogar eine geringere, insofern die ausländischen Papiere doch unter Umständen im Auslande abgesetzt werden könnten. Die in der Kommission geäußerten Bedenken richteten sich auch gar nicht auf diesen Fall, sondern auf das Eindringen der ausländischen Papiere in das Publikum. Den in Betracht kommenden Rednern ging natürlich die Kenntnis des wirtschaftlichen Nutzens der Kapitalanlage im Auslande nicht ab. Sie bekämpften auch nicht die Emission ausländischer Papiere an sich, deren Wirkung darin besteht, daß das Inland sich das Ausland als Zinsschuldner tributär macht. Nur gegen ein Übermaß richteten sich die Bedenken; ob sie begründet sind, läßt sich einwandsfrei nicht feststellen, schon aus dem Grunde nicht, weil über das richtige Maß sehr widersprechende Anschauungen bestehen. Schwerlich besteht ein Übermaß in dem Sinne, daß nicht ein Ausgleich der Kapitals- mit der Sachgüterbewegung im Auslandsverkehr einträte. Die Vorstellung, als ob diese Wertpapiergeschäfte häufiger zu Goldexporten Anlaß gegeben hätten, ist nicht aufrecht zu erhalten; der Stand der fremden Wechselkurse widerspricht ihr ebenso wie die geschäftliche Unwahrscheinlichkeit. Aber schwerer wiegt schon der Einwand, daß die Eröffnung eines Marktes für die ausländischen Effekten in Deutschland eines Tages dazu führen könnte, durch Massen hingeworfener Wertpapiere dem inländischen Verkehr Verlegenheiten zu bereiten und zu ungeeigneter Stunde Goldexporte zu erzwingen. Die Möglichkeit, das umgekehrte Verfahren dem Auslande gegenüber durch die Abwälzung der in Deutschland befindlichen ausländischen Wertpapiere einzuschlagen, gilt nicht überall als ausreichender Gegenwert. Denn eine weitere, der Einbürgerung der ausländischen Werte anhaftende üble Wirkung wird darin gefunden, daß diese den Markt für die heimischen Werte einengen und besonders die Nachfrage nach unseren Staatspapieren ungünstig beeinflussen. Ob und inwieweit diese Annahme zutreffend ist, auch darüber gehen die Ansichten auseinander. Indessen ist es nicht unwahrscheinlich, daß tatsächlich die ausländischen Werte den inländischen Konkurrenz machen. Minder sicher ist aber, ob diese Konkurrenz nicht in gleicher oder doch nicht wesentlich geringerer Stärke auch fühlbar werden würde, wenn die ausländischen Werte nicht von den Banken eingeführt und an den Markt gebracht würden. Schon längst bedarf es für diejenigen, welche ihr Kapital in ausländischen Unternehmungen anlegen oder welche in ausländischen Papieren spekulieren wollen, nicht mehr des inländischen Marktes. Es ist eine bedauerliche Tatsache, daß selbst der kleine Kapitalist schon die Wege kennt, die direkt auf den ausländischen Markt führen. Diesem Verkehre fehlt aber die Möglichkeit, mittels großer Abgaben von Werten an das Ausland, in schwierigen Zeiten Gold heranzuziehen.

Immerhin darf auch bezüglich der Auslandsanleihen die Mahnung zum Maßhalten nicht in den Wind geschlagen werden. Insoweit dergleichen Anleihen in Deutschland in Verbindung mit dem Zwecke abgesetzt werden, den Gegenwert für exportierte deutsche Industrieerzeugnisse zu beschaffen oder die Betätigung deutscher Arbeit im Auslande in anderer Form zu ermöglichen (z. B. zur Errichtung von Bauten, zum Erwerb in Kultur zu nehmender Ländereien usw.), wird kaum etwas dagegen einzuwenden sein. Auf diese Weise ist England der Gläubiger der ganzen Welt geworden. Seine Landeskinder bauten für das Ausland Wasserwerke, Gasanstalten, Straßenbahnen u. a. m. mit englischem Kapital. Ob aber ein Bedürfnis besteht, die von Ausländern im Auslande mit ausländischen Industrieerzeugnissen ins Leben gerufenen Unternehmungen dadurch zu fördern, daß man ihren Wertpapieren in Deutschland einen Markt eröffnet, wird öfters mindestens fraglich sein. Obgleich auf diesem Wege, wie von einem sehr sachkundigen

Kommissionsmitgliede ausgeführt worden ist, zuweilen vorübergehend ausländisches Kapital nach Deutschland kommt, so darf doch die schon erwähnte Gegenwirkung nicht vergessen werden, die mittels der dem Auslande nunmehr gewährten stärkeren Verfügungsgewalt auf dem deutschen Geldmarkte eintreten kann. In diesem Sinne ist wohl auch die Bemerkung des Freiherrn v. Gamp aufzufassen, wenn er (S. 160) betont, daß das Geld, welches wir vom Auslande kurzfristig geborgt haben, uns bei der Zurückziehung Verlegenheiten zu schaffen vermag.

In recht loser Verbindung mit dem Depositenschutze stehen die Exkurse der Kommission auf das Gebiet der Notenbankpolitik. Das Verbindungsglied bildete hier die Behauptung, das ganze Kreditgebäude ruhe auf einer zu geringen Zahl von Fundamenten und stütze sich allzusehr auf die Zentralnotenbank. Die Vorsicht erfordere, daß jeder die eigene Kraft mehr stärke. Adolf Wagner wollte, zum Beweise der Richtigkeit dieser Forderung, in der Tatsache, daß die Reichsbank vor einigen Jahren bei dem run auf die Dresdener Bank der letzteren Wechsel in recht erheblichem Umfange diskontierte, eine Hilfsaktion im Sinne der Unterstützung eines Schwachen sehen. Ihm hätte gerade die Stärke der angegriffenen Bank imponieren müssen. Aber freilich traten auch auf anderer Seite Anschauungen über die Stellung der Reichsbank zutage, die mindestens ungewöhnlich genannt werden müssen. Wenn es beispielsweise Ströll außerordentlich unerfreulich für die Reichsbank nennt, wie sie mitansehen müsse, daß ihr Status an einzelnen Quartalsterminen in gar nicht übermäßig bedrängter Zeit um eine halbe Milliarde in die Höhe schnellt, so spricht in diesem Falle wohl nicht der Notenbankdirektor. Wenn hierbei vom Standpunkte der Reichsbank aus etwas bedauerlich ist, so kann es doch nur die Tatsache sein, daß diese Inanspruchnahme nur ganz kurze Zeit dauert, daß sich die Ansprüche auf eine kurze Periode zusammendrängen. Auf die gegen diesen Gewöhnungsstand anzuwendenden Mittel (Verteilung der Hypotheken- und Gehaltszahlungstermine auf das ganze Jahr) hat Kämpf schon nachdrücklich hingewiesen. Aber die Inanspruchnahme der Reichsbank als letztes Reservoir für Leihkapital und Umlaufsmittel an sich entspricht doch nur ihrem Daseinszwecke. Ihr Notenprivileg, die Erklärung ihrer Noten zum gesetzlichen

Zahlungsmittel, ihre überragende Stellung im Kreditorganismus Deutschlands, sind ihr doch nur eingeräumt, damit sie als ultimum refugium diene. Die zweite Seele in Strölls Brust, die des Notenbankdirektors, steht mit der anderen nicht in Harmonie; sie hat darüber geklagt, daß die Reichsbank periodisch außer Fühlung mit dem Geld- und Wechselmarkte geriete, den sie bisher beherrscht habe. Diese Seele hat sich entschwundener Zeiten erinnert, in denen die Zentralnotenbank den Geldmarkt souverän beherrscht, wo sie den Ton angegeben habe; sie hat sich mit der Möglichkeit der Einräumung von Fazilitäten durch die Reichsbank beschäftigt, worunter wohl nur die Ankäufe von Wechseln unter Bankdiskont verstanden werden können. Soll diesen Klagen abgeholfen werden, so muß eine noch viel stärkere Inanspruchnahme der Reichsbank eintreten wie bisher; diese wird aber, indem sie solchen Ansprüchen nachkommt, nichts anderes tun, als ihre Bestimmung erfüllen. Heiligenstadt will sie ja gerade für diese Zwecke noch besonders stärken, indem er in Form von Zwangsreserven oder erhöhten Minimalgiroguthaben neue Kapitalien unter ihre Verfügung zu bringen sucht. Wenn der Satz richtig ist, daß die Banknote immer nur eine in Form von verkauften Konsumgütern vorhandene Gegenleistung darstellen soll, so muß man auch einen berechtigten Anspruch der Inhaber von Warenwechseln mit guten Unterschriften auf Gewährung von Banknoten gegen Übertragung der Wechsel anerkennen. Bekanntlich tritt eine Schule sogar für die quantitative Unbeschränktheit dieses Anspruches und für die Loslösung von der ihrem Wesen nach aus ganz anderen Rücksichten geforderten Metalldeckung ein. Mag einstweilen die Durchführung dieser Forderung noch unwahrscheinlich sein, so verträgt sich doch die geläuterte Anschauung vom Wesen einer Zentralnotenbank nicht mit dem Gedanken, als bedeute deren Inanspruchnahme mit Wechseldiskontierungen, gleichgültig in welchem Umfange, ein unerfreuliches Moment, immer qualitativ einwandsfreie Warenwechsel vorausgesetzt. Die Anschauung von einer Art von Schonungsanspruch der Reichsbank besteht aber offenbar auch in weiteren Kreisen. Darauf deuten wenigstens Schinckels Ausführungen hin, nach denen die Hamburger Privatbanken sich bestrebt haben, in der durch den Fall der Firma Haller, Söhle & Co. auf dem Hamburger Platze hervorgerufenen Krisis die entstehenden Ansprüche tunlichst von der Reichsbank abzuwehren. Mögen diese Bestrebungen vielleicht auf anderen Gründen beruht haben, so sollte doch nicht verabsäumt werden, etwaigen sich an diesen Fall und an ähnliche anknüpfenden falschen Vorstellungen über den Wesenszweck der Reichsbank (wie jeder Zentralnotenbank) entgegenzutreten. Wurde doch gerade in bezug auf die Frage, wieweit die Verpflichtung des sorgsamen Bankverwalters zu sicherer und hinreichend flüssiger Anlage der aus Depositengeldern stammenden Mittel reiche, von der Kommission unter Hinweis auf das Wechseldiskontierungsgeschäft der Reichsbank u. a. die Anlage in guten Wechseln als genügend erklärt. Von der Annahme ausgehend, daß das Entstehen von Wechseln, die auf dem soliden Kaufe und Verkaufe von Konsumgütern beruhen, ein an sich berechtigter wirtschaftlicher Vorgang ist, daß ferner der Abstrom aus der Gesamtmenge der in dem großen deutschen Becken vorhandenen Wechsel dieser Art in sehr verschiedenem Umfange sich den einzelnen Banken zuwendet, daß aber, wenn auch nach Passieren von Zwischenstellen, der sich aus dem Gesamtquantum ergebende Banknotenbedarf lediglich von der Reichsbank und den anderen Notenbanken zu bestreiten ist, muß man notwendig zu der Folgerung gelangen, daß es weder ein unerfreulicher Vorgang, noch gar ein Mißbrauch ist, wenn die Reichsbank an letzter Stelle mit der Diskontierung dieser Wechsel in Anspruch genommen wird. Ihre Kraft, auf das Entstehen oder das Angebot der Warenwechsel in geldknappen Zeiten durch Diskonterhöhungen retardierend einzuwirken, beruht geradezu darauf, daß das Wechselmaterial ihr im allgemeinen vollständig zufließt; die Klage, daß sie zuweilen die Fühlung mit dem Markte verliere, stützt sich eben auf den zeitweise mangelhaften Zustrom der Wechsel. Mit Recht ist darauf hingewiesen, daß es auch in Zeiten großer Nöte, namentlich bei Kriegen, für die Zentralnotenbanken kein ultra posse mehr geben könne, seitdem die Erkenntnis von den Wirkungen des Zwangskurses sich durch das Beispiel der Bank von Frankreich vertieft und die Meinungen über die früher immer schwarz gemalten funktionellen Mängel einer nicht barzahlenden Zentralnotenbank durch die klassische Wirksamkeit der Österreichisch-Ungarischen Bank eine durchgreifende Korrektur erfahren haben.

Noch einige andere absonderliche Vorstellungen aus dem Gebiete des Notenbankwesens förderte die Diskussion zutage. So die Meinung, die Lombardfähigkeit der Staatspapiere sei gleichbedeutend mit dem Recht auf Lombardierung. Da aber Lombardforderungen nach dem Bankgesetze nicht als Notendeckung gelten, so ist die Aufnahmekraft der Reichsbank für derartige Geschäfte recht beschränkt, und wenn auch in normalen Zeitläuften noch etwas mehr als Grundkapital und Reservefonds darin angelegt werden dürfen, so wird in kritischen Perioden die Reichsbankleitung schon aus Vorsicht die Lombards auf erheblich niedrigere Beträge einzuschränken suchen. Denn die Girogelder können erheblich zusammenschmelzen und in Notenforderungen umgewandelt werden; die eigenen Mittel der Reichsbank aber sind durch den gewaltigen Immobilienbesitz nicht unerheblich geschmälert. Es muß sogar sehr fraglich erscheinen, ob die etwaige Einführung des Zwangskurses im Kriegsfalle die Aufnahmefähigkeit der Reichsbank für Lombardgeschäfte erweitern würde. Sonach darf sich die Empfehlung der Staatspapiere als einer flüssigen und sicheren Anlageform für die Sparkassen nur in beschränktem Maße auf die Erwartung stützen, aus jenen im Wege des Reichsbanklombards liquide Mittel schöpfen zu können. Wie es mit der steten Verkäuflichkeit im Kriegsfalle stehen würde, läßt sich nicht nach früheren Erfahrungen beurteilen. Einerseits ist der Markt ein wesentlich günstigerer geworden, andrerseits ist aber auch die Gesamtmasse außerordentlich gestiegen. Möglicherweise würde ein glücklicher Krieg, ohne die Verkäuflichkeit wesentlich zu beeinträchtigen, nur zu einem Kursdrucke Anlaß geben. Aber ob, wenn der Krieg sich unglücklich anließe oder gar der Feind ins Land käme, die zum Verkaufe angebotenen Staatsfonds selbst mit erheblichen Kursverlusten versilbert werden könnten, bleibt sehr zweifelhaft. Aus diesem Grunde muß die in der Kommission mehrfach vertretene Ansicht, die Staatspapiere seien immer leicht oder gar leichter wie Wechsel flüssig zu machen, als unrichtig bezeichnet werden. Trotzdem bleibt es nicht minder wahr, daß die Staatspapiere den Hypotheken bezüglich der Liquidierbarkeit weit voranstehen.

Mit Recht hat die Kommission dem Eifer zugunsten des Scheckwesens, dessen unleugbaren Vorzügen doch auch manche Bedenken entgegenzustellen sind, durch den Hinweis auf die

Gefahren des Einreservesystems einen Dämpfer aufgesetzt. Nachdem in jahrzehntelangem Mühen endlich die Popularisierung des Schecks, insbesondere nach Schaffung einer gesetzlichen Grundlage, erreicht worden ist, muß mit Besorgnis dem nahezu blinden Enthusiasmus zugesehen werden, der nunmehr jedes wirtschaftliche Leiden mittels Schecks kurieren will. Es ist auch der schwächste Punkt an dem Heiligenstadtschen Reformplane, daß er geradewegs zur Zentralisierung aller Bankreserven bei der Reichsbank, mit anderen Worten zur Umwandlung des Vielreserve- in das Einreservewesen führen muß.

Der Gedanke, durch Errichtung eines staatlichen Aufsichtsamts für das Bankwesen dem Elende ein Ende zu machen, das sich als Folgeerscheinung jeglichen Bankbruchs zeigt, hat etwas Bestechendes, zumal in einer Zeit wie der unseren, die von den Aufgaben und dem Einflusse des Staats eine sehr hohe Meinung hat. Wenn in dem demokratischen Staatengebilde Nordamerikas, das noch dazu bezüglich des Bankwesens mit einer Musterkarte von einzelstaatlichen gesetzlichen Vorschriften belastet ist, eine staatliche Bankaufsicht bestehen kann, wenn in Preußen und Deutschland die Staatsaufsicht über die Hypothekenbanken ohne Anstand wirkt, wenn selbst die vielgeschmähte Aufsicht über die Börse sich nicht übel bewährt hat, warum soll — so wurde argumentiert — eine Staatsaufsicht über die Kreditbanken nicht möglich sein? Wird sie doch selbst von Schriftstellern empfohlen, denen Sachkenntnis nicht abgesprochen werden kann, und handelt es sich hier doch um eine Maßregel, die, wenn sie gelingt, in den weitesten Kreisen als sehr segensreich empfunden werden würde. Das etwa sind die Gedankengänge, denen man überall im Publikum begegnet und die offenbar ein Reichstagsmitglied zu dem Antrage geführt haben, der die Errichtung des Bankaufsichtsamts in Angliederung an das Aufsichtsamt für Privatversicherung bezweckte.

Demgegenüber ist es bedeutungsvoll, daß die Idee in der Enquetekommission keinen Boden gefunden hat. An Geneigtheit, den Versuch zu wagen, hat es sicher bei verschiedenen Mitgliedern nicht gefehlt. Das Gewicht der Gründe, die gegen die Aufsichtsamtsidee sprechen, ist sonach sehr bedeutend gewesen. Dabei waren es eigentlich nur zwei Gründe, die den

Ausschlag gaben: zuerst die technische Schwierigkeit der Ausführung, sodann die Furcht vor dem bureaukratischen Apparat.

Die Bankpraktiker, zu denen natürlich Riesser gezählt werden muß, sind darüber einig gewesen, daß ein Aufsichtsamt, das den inneren Betrieb der Großbanken kontrollieren wollte, vor einer praktisch unlösbaren Aufgabe stehen würde. Schon die genaue Revision einer einzigen großen Bank erforderte Monate und verlangte eine große Anzahl von Beamten. Dabei ist offenbar an eine Prüfung gedacht worden, wie sie etwa die eigenen Revisionsbeamten der Großbanken vorzunehmen pflegen. Sie ist zwar nur formaler Natur, d. h. sie erstreckt sich nicht auf die Qualität der Vermögensstücke, der Kredite, der Finanzgeschäfte, aber sie ist dafür sehr eingehend. Es muß zugegeben werden, daß eine so geartete Kontrolle ohne die empfindlichsten, an vollständige Geschäftsverhinderung grenzenden Störungen von Außenstehenden nicht durchgeführt werden kann. Zur richtigen Würdigung der Schwierigkeiten darf man dabei nicht nur die sich aus den täglichen und stündlichen Hemmungen der Einzelarbeiten durch das Prüfungsgeschäft ergebenden Schwierigkeiten in das Auge fassen, sondern es muß auch berücksichtigt werden, daß infolge der langen Zeitdauer der Prüfung die innere Abstimmung der Geschäftsvorfälle miteinander bis zur Unmöglichkeit erschwert wird. Denn es läge in solchem Falle eine in sich abgeschlossene Bilanz nicht vor, deren Posten feststehen und sich mit innerer Notwendigkeit ineinanderfügen. Der Revisor müßte wochenlang dem Flusse der Tagesgeschäfte folgen. Wie schwer das ist, wird jeder ermessen können, der auch bei kleinen Unternehmungen unvermutet Revisionen abgehalten hat. Von der überwältigenden Massenhaftigkeit und dem stürmischen Tempo der geschäftlichen Vorgänge im Großbankbetriebe ist dem Publikum wenig bekannt; es besteht aber für den Sachkenner darüber kein Zweifel, daß sie allen herkömmlichen Regeln über Einzelkontrolle spotten.

Es mag übrigens fraglich erscheinen, ob ernsthaft daran gedacht worden ist, das projektierte Aufsichtsamt mit dieser Kontrolle zu beladen. Wäre der Gedanke des Antragstellers im Reichstage durchgedrungen, das Bankaufsichtsamt mit dem Aufsichtsamt für Privatversicherung zu vereinigen, so blieb allerdings kein Zweifel darüber, daß in der Tat die Absicht hierauf gehe. Das ergibt sich ohne weiteres aus den §§ 64 und

65 des Gesetzes vom 12. Mai 1901 betr. die privaten Versicherungsunternehmungen. Auch Adolf Wagner mit seiner „formalen Kontrolle" hat sich jedenfalls die Sache ähnlich vorgestellt. Es mag auch eine große Zahl von Leuten geben, die davon ausgehen, daß sich bei gutem Willen auf beiden Seiten und bei einer — leider nach den bisherigen Erfahrungen nicht vorauszusetzenden — Neigung der gesetzgebenden Faktoren zu schonender und unnötige Drangsalierungen vermeidender Gestaltung der Revisionsnormen ein Zustand erreichen ließe, der eine formale Aufsicht praktisch möglich macht. Selbst wenn sie recht hätten, lohnte der erforderliche Apparat die Mühe aber nicht. Denn die formale Beaufsichtigung ist gerade beim Bankbetriebe nicht das Wichtigste. Zu einer materiellen Beurteilung der Geschäfte, die allein eine gewisse Gewähr dafür bietet, daß nicht grobe Fehler stattfinden oder schwere innere Krankheitsprozesse vorhanden sind, ist aber ein Aufsichtsamt schon mangels geeigneter Kräfte völlig ungeeignet.

Bei alledem kommt noch in Betracht, daß gerade in den großen Betrieben eine recht gewichtige Sicherung gegen etwaige formale Unregelmäßigkeiten in der Tatsache liegt, daß eine erhebliche Anzahl von Beamten Mitwisser werden müßte. Nirgends könnten die etwa auf Malversationen abzielenden Maßnahmen der Direktion sich schwerer der Beobachtung entziehen als bei den Großbanken. Wenn diese Verhältnisse bei den kleineren Banken, und namentlich bei den Privatbankiers, etwas anders liegen, so kann freilich daraus nicht etwa die Folge hergeleitet werden, daß man eine differentielle Behandlung eintreten lassen müsse.

Es ist zweifelhaft, ob alle diese Erwägungen genügt haben würden, die Mehrzahl der Kommissionsmitglieder gegen den Gedanken der Staatsaufsicht einzunehmen. Es mußte die Furcht vor den Folgen der bureaukratischen Handhabung jeglicher Aufsichtsbefugnisse hinzukommen. Leider ist diese Furcht begründet. Damit soll nicht etwa gesagt sein, daß in dem Staatsbeamtentum die Tüchtigkeit, die Intelligenz, die Hingabe an die Sache nicht vorhanden wäre, welche der Gegenstand verlangt. Aber infolge der traditionellen Erziehung des Beamten im Amt sind meist die Organe für das richtige Verständnis der Vorgänge des praktischen Lebens mit der Zeit verkümmert; die Auffassung des Staatsbeamten von der Wesensart des Nährstandes weicht deshalb in wichtigen Punkten von der ab, die die Nichtbeamtenwelt hat. Natürliche Folge ist, daß sich bei der Ausführung von Gesetzesbestimmungen, die selbstverständlich allgemein gefaßt werden müssen, nach Meinung des nichtbeamteten Staatsbürgers vielfach dasjenige zeigt, was Hamlet „the insolence of office“ nennt. Man stelle sich beispielsweise vor, daß in bezug auf den Kreditbankbetrieb eine Bestimmung wie etwa diejenige des § 65 des Privatversicherungsgesetzes erlassen würde:

> „Die Aufsichtsbehörde ist befugt, jederzeit die Geschäftsführung und Vermögenslage eines Unternehmens auch nach der Richtung zu prüfen, ob die veröffentlichten Rechnungsabschlüsse und die Jahresberichte mit den Tatsachen und dem Inhalte der Bücher übereinstimmen ... Die Inhaber, Geschäftsleiter, Bevollmächtigten und Agenten eines Unternehmens haben innerhalb ihrer Geschäftsräume der Aufsichtsbehörde auf Erfordern alle Bücher, Belege und diejenigen Schriften vorzulegen, welche für die Beurteilung des Geschäftsbetriebes und der Vermögenslage von Bedeutung sind, sowie jede von ihnen erforderte Auskunft über den Geschäftsbetrieb und die Vermögenslage zu erteilen.“

Es kann gar nicht bezweifelt werden, daß aus einer solchen Bestimmung in Verbindung mit der Veröffentlichung der Zweimonatszwischenausweise der Berliner Großbanken die mit der Ausführung betrauten Organe die Verpflichtung entnehmen würden, sich in den Geschäftsräumen ganz genau von der Richtigkeit und der Übereinstimmung dieser Zwischenausweise mit allen Büchern, Belegen usw. zu überzeugen. Natürlich müßten die Aufsichtsbeamten sich zu diesem Behufe gleichsam in Permanenz erklären, der Geschäftsbetrieb müßte notwendig leiden und stocken, aber der Pflicht würde genügt werden, wenn nicht anders, unter Verhängung von Geldstrafen (vgl. § 64 Abs. 3 des angezogenen Gesetzes) — fiat justitia et pereat mundus! Es ist begreiflich, daß die hier sich eröffnende Perspektive jeden, der nicht den Lebensnerv des Bankgeschäfts treffen will, zum Gegner des Aufsichtsamts gemacht hat.

Es stecken, darüber besteht kein Zweifel, in der Beamtenschaft ganz ungeahnt reiche Schätze von kaufmännischer Begabung und geschäftlicher Veranlagung; man müßte sie nur zu heben verstehen. Nicht der zufällige Umstand macht ja den Kaufmann, daß seine Eltern ihn einem der zahlreichen Zweige des kaufmännischen Berufs zugeführt haben, wie der Unterricht im Schreiben niemanden zum Schriftsteller macht. Vielfach zeigt sich die hohe kaufmännische Veranlagung des Beamten erst, wenn er den Staats- oder Kommunaldienst verlassen hat. Warum vermag man solche Kräfte nicht früher zu nützen? Warum erschallt von Zeit zu Zeit der Ruf nach „kaufmännischem Geist“ in der Staatsverwaltung, während fort und fort die Erwerbsstände ihren Ersatz zu einem nicht unerheblichen Teile aus der Beamtenschaft nehmen? Weil sich hier zwei getrennte Welten gegenüberstehen, die nur durch wenige schmale Stege verbunden sind. Aber solange das der Fall ist, solange um die Beamtenschaft die chinesische Mauer des recht geringen Verständnisses für die Leiden und Freuden des Nährstandes gezogen bleibt, ist innerhalb des letzteren die Scheu vor allem, was behördliche Einmischung in wirtschaftliche Dinge heißt, nur zu verständlich. Nicht die Last an sich sieht man als das Schlimmste an, sondern die Art, wie sie aufgelegt, wie eine Maßregel ausgeführt wird. Der Kaufmann, der Gewerbetreibende, der Bankier bringt lieber alle möglichen Opfer, als daß er sich den weitgehenden, zuweilen alles vernünftige Maß übersteigenden Störungen und Behinderungen im Betriebe aussetzt, die das Eingreifen von Beamten mit sich bringt, ein Eingreifen, das oft am Kleinen, Unwichtigen, Vorübergehenden mit dem vollen behördlichen Nachdruck haftet, während durch fehlende Schulung das Augenmaß für große Dinge verlorengegangen ist. Freiherr v. Gamp nennt die in dem Staatsbürger in solchen Fällen entstehende Gemütsstimmung drastisch, aber bezeichnend „Verekelung“. — Freilich sollten sich auch die Erwerbsstände bemühen, dem Wesen des Beamten mehr Gerechtigkeit widerfahren zu lassen als es gemeinhin geschieht. Hat z. B. Weber recht, wenn er einen Leiter einer Weltbank, z. B. der Deutschen Bank, sowohl was seine nationalökonomische wie volkswirtschaftliche, finanztechnische und *selbst auch politische* Vorbildung und Schulung betrifft, zum mindesten mit den Leitern unserer Reichsämter auf gleiche Stufe zu stellen erklärt? (S. 114.) Er meint auch, man könnte viel eher dazu kommen, zu sagen: nicht die Banken bedürfen der Aufsicht durch Staatsbeamte, sondern die Staatsbetriebe und Reichsbetriebe müssen durch Kaufleute beaufsichtigt werden. Unzweifelhaft denkt dabei Weber nicht an die „gelernten“ Kaufleute, sondern an die wahren Träger kaufmännischen Geistes und kaufmännischer Einsicht, mögen sie auch im Gewande des Staats- oder Kommunalbeamten einhergehen. Gerade Weber weiß ja, daß auch eine Weltbank, die Deutsche Bank, vor nicht allzulanger Zeit einen hohen Beamten in ihre Direktion aufgenommen hat, und er wird auch nicht vergessen haben, daß Georg v. Siemens ursprünglich Assessor war.

Die Überzeugung davon, daß die Überwachung der Bankbetriebe durch ein Reichsaufsichtsamt (oder, wie Frhr. v. Cetto anregte, durch eine Reihe von bundesstaatlichen Ämtern) technisch und wegen der geringen Eignung der Staatsbeamten zu derartigen Obliegenheiten auf kaum zu überwältigende Schwierigkeiten stoßen würde, ist, wie erwähnt, die wesentlichste Ursache dafür gewesen, daß die Anregung keinen Anklang fand. Aber es muß doch Verwunderung erregen, daß in der Kommission gar kein Versuch gemacht worden ist, das Problem auf andere Weise zu lösen. Warum namentlich von keiner Seite der Vorschlag gemacht worden ist, die Frage der Übertragung des englischen audits auf Deutschland zu diskutieren, ist um so weniger verständlich, als Anregungen nach dieser Richtung bereits durch die Presse erfolgt waren. Man vermag auch nicht wohl zu glauben, daß der Gegenstand nicht bei der Vernehmung der Sachverständigen zur Sprache gebracht worden sei. Ebensowenig läßt sich annehmen, daß die englische Einrichtung, die zwar bezüglich der neu zu gründenden Aktienbanken schon seit 1879 besteht, aber erst seit der Novelle vom 8. August 1900 für sämtliche inkorporierten Gesellschaften ohne Ausnahme zwingend durchgeführt worden ist, von den Kommissionsmitgliedern von vornherein als erwiesen unbrauchbar angesehen wurde. Ohne Zweifel wäre darin, daß die Revision durch ständige, alljährlich von der Generalversammlung zu wählende auditors sich in England bewährt hat, noch kein Beweis dafür zu finden, daß die Einrichtung auf deutsche Verhältnisse paßt. Dazu sind die beiderseitigen Bankverhältnisse zu verschieden. Aber es verdiente doch geprüft zu werden, ob nicht, bei Wahrung des Grundgedankens, eine Anpassung möglich wäre. Die Einwendungen, die gegen die staatliche Beaufsichtigung an sich und durch ein Aufsichtsamt im besonderen erhoben werden müssen, treffen auf das audit-System nur bedingt zu; weder um bankmäßig ungeschulte Staatsbeamte würde es sich handeln, noch würde die technische Durchführbarkeit der Revisionen von vornherein zu bezweifeln sein. Mag es auch an Einwänden gegen eine ähnliche Einrichtung nicht fehlen und ist namentlich damit zu rechnen, daß das audit-System die Bankbrüche nicht aus der Welt zu schaffen vermöchte, so müßte doch andrerseits wenigstens ernsthaft untersucht werden, ob sie nicht viele Verbesserungen des bestehenden Zustandes bedingen würde. Ohnehin sollte beachtet werden, daß wir dem Auslande schon eine Einrichtung auf diesem Gebiete verdanken, die sich immer mehr bewährt: die sog. Treuhand-, in Wahrheit Revisionsgesellschaften. Daß auditors, die in völliger Unabhängigkeit von den Verwaltungen das ganze Jahr hindurch bei ein- und demselben Institute tätig sind und denen das Recht der unbeschränkten Einsicht in alle Bücher und Belege zusteht, die aber andrerseits ein eigenes Recht zu Eingriffen in die Geschäftsführung nicht besitzen, sondern lediglich Bericht zu erstatten haben, eine gewisse Gewähr dafür bieten, daß grobe Mißstände sich nicht lange der Entdeckung entziehen können, ist kaum zu bestreiten.

Die Vermutung trifft wahrscheinlich das Richtige, daß weder das audit-System, noch andere ähnliche Einrichtungen aus demselben Grunde nicht erörtert worden sind, der anscheinend auch einigen Kommissionsmitgliedern das Fallenlassen des staatlichen Aufsichtsamts erleichtert hat: das Auftauchen eines Planes, von dessen Verwirklichung man sich eine vielleicht noch radikalere Wirkung hinsichtlich der dauernden Beaufsichtigung des Bankwesens versprochen haben wird. Es handelt sich um die von dem Mitgliede Roland-Lücke unter dem Beifalle der Majorität gegebene Anregung zur Errichtung eines freien Beirats für die Reichsbank, auf den weiter unten eingegangen werden soll.

Es erübrigt sich, auf die als Normen für den Geschäftsbetrieb der Bankgeschäfte gedachten sonstigen Anregungen aus dem Schoße der Kommission im einzelnen einzugehen, zumal keine von ihnen eine Mehrheit gefunden hat. Als besonders erfreulich ist es anzusehen, daß mit der alten Fabel von der Vortrefflichkeit der englischen Trennung zwischen Depositenbanken und Effektenbanken (oder noch weniger richtig: Spekulationsbanken) ebenso aufgeräumt worden ist wie mit der Behauptung der besseren Liquidität der englischen im Vergleich zu den deutschen Banken. Adolf Wagner hat deshalb auch seine Wünsche wegen des Haltens größerer Kassenbestände an die Adresse der deutschen und der englischen Banken gerichtet. Nicht minder wird es in weiten Kreisen beifällig begrüßt werden, daß die Kommission weder für die Errichtung besonderer Depositenbanken — am wenigsten staatlicher — noch für die Annahme verzinslicher Depositen durch die Reichsbank eingetreten ist. Die Erklärung der Verbündeten Regierungen, daß keine Trennung der Depositenbanken von den Kreditbanken geplant sei, hatte offenbar die Situation nicht unerheblich geklärt. Die angeregten Beschränkungen bezüglich der Höhe der fremden Gelder, sei es im Verhältnis zu den eigenen Mitteln, sei es im Verhältnis zur Deckung, ferner die Vorschläge wegen Festlegung eines Verhältnisses zwischen Debitoren und Kreditoren oder zwischen Geschäftsumfang und Eigenkapital erwiesen sich als undurchführbar oder unwirksam. Namentlich gilt das erstere für den bereits gestreiften Wagnerschen Vorschlag, den Barvorrat zu erhöhen — es wurde der Satz von 10 % der fremden Gelder genannt —; hier konnte Kämpf in seiner treffenden Art die Undurchführbarkeit nachweisen. Die freundliche Aufnahme, die die Anregung fand, die Anlegung der gesetzlichen Reservefonds in Staatspapieren allgemein zu verlangen, wird vermutlich nicht ohne Folgen bleiben, obwohl die Mommsenschen Ausführungen klar dartaten, daß die etwa erwartete günstige Beeinflussung des Fondsmarktes keinesfalls nachhaltig sein wird. — Nicht genügende Beachtung scheint aber ein Hinweis des Mitgliedes Roland-Lücke gefunden zu haben, der die Wirkungen der Verpfändung von Vermögensstücken betrifft und der auch von Mommsen und Gontard behandelt worden ist. Bei den Zusammenbrüchen von Bankhäusern hat sich beinahe immer gezeigt, daß ein sehr erheblicher Teil der Aktiva dem Zugriffe der Gläubiger entzogen war, weil eine Verpfändung jener stattgefunden hatte. Sie bildet, abgesehen von Wechselreitereien, erfahrungsmäßig eins der letzten, formell meist nicht angreifbaren Mittel, durch die sich der Untergehende in der Not noch zu retten sucht, vielfach erfolglos, aber doch immer zum Nachteil gerade der kleinen Gläubiger. Auf die ungeheuren Schäden, die auf diese Weise entstehen, hat namentlich Dr. Hermann

Veit Simon in seinen „Betrachtungen über Bilanzen und Geschäftsberichte der Aktiengesellschaften" nachdrücklich hingewiesen. Der Gegenstand hätte für die Kommission aus dem Grunde von Interesse sein sollen, weil er, abgesehen von den Fällen des Bankbruchs, für die Bilanzwahrheit der Aktienbanken von aktueller Bedeutung ist, insofern der wirkliche Stand der Liquidität und damit in gewisser Hinsicht auch der Sicherheit einer Unternehmung ohne Angaben über die Verpfändung von Vermögensstücken sich aus der Bilanz unmöglich erkennen läßt. — Weiter wäre es recht zweckmäßig gewesen, wenn die Kommission die Stellung des sog. „täglichen Geldes" im Aktivum eingehender erörtert hätte. Wenn man dem money at call der englischen Bankbilanzen eine gewisse Aufmerksamkeit schenkt, so kann die Frage nicht wohl unerörtert bleiben, ob das „tägliche Geld" als jederzeit liquid und der Kasse gleichzuachten ist. Erwünscht wäre auch eine Erörterung über die „festen Gelder" und ihre Bedeutung für das Passivum gewesen.

Auffallend stiefmütterlich ist in der Kommission das wichtige Kapitel der Akzepte behandelt worden. Bei Erörterungen, deren Mittelpunkt die fremden Gelder der Banken bilden, hätte der Eigenart der unter „Akzeptenkonto" rubrizierten Gattung von fremden Geldern um deswillen ein geräumiger Platz eingeräumt werden müssen, weil sie ganz besonders geeignet ist, das Bilanzbild zu beeinflussen. Zwar ist, wie Heiligenstadt (S. 166) hervorhebt, über die Frage der Bankakzepte „bei früherer Gelegenheit" eingehend verhandelt worden. Das trifft aber auch auf andere Fragen zu, die minder wichtig und doch in der Kommission recht breit erörtert worden sind. Ihre Zurückhaltung gerade der Akzeptfrage gegenüber muß um so mehr auffallen, als der Vorsitzende, Reichsbankpräsident Havenstein, schon gleich zu Beginn der Verhandlungen die Wichtigkeit des Gegenstandes besonders betont und (S. 12) ausgeführt hatte, daß die aus der mißbräuchlichen Verwendung von fremden Geldern sich entwickelnde Gefahr noch verstärkt werde durch ein außerordentlich starkes und ungesundes Anwachsen der Bankakzepte und der Bankziehungen, soweit sie nicht aus Warengeschäften herrühren, sondern reiner Kreditgewährung dienen. Der oberste Leiter der Reichsbank bekräftigte hier nur dasjenige, was die Fachpresse schon seit Jahren zum Gegenstande ernster Erörterungen gemacht hatte. Nach den Aufstellungen des „Deutschen Ökonomist", der nicht müde geworden ist, auf die Gefahren einer übermäßigen Ausdehnung des Akzeptkredits hinzuweisen, betrug das Akzepttenkonto Ende 1909

bei allen deutschen Banken 1970 Mill. M,

davon bei den Berliner Banken 1016 Mill. M,

während es sich Ende 1902 belief auf

M 1176 Mill. bei allen deutschen Banken,

M 693 Mill. bei den Berliner Banken allein.

Die Ziffern sind Jahr für Jahr gestiegen, nur 1908 war gegen 1907 ein Rückschlag erfolgt, der ohne Zweifel auf die Ende 1907 eingetretene Kreditkrisis zurückzuführen war.

Noch vor einem Vierteljahrhundert war bei den deutschen Banken nur im überseeischen oder doch ausländischen, im sog. Remboursgeschäft die Einräumung von Akzeptkredit üblich. Es handelte sich dabei in erster Linie um die Erleichterung des internationalen Warenverkehrs, und den Wechselziehungen lagen zumeist tatsächliche Warenverschiffungen zugrunde. Mit der Aufnahme dieses durchaus legitimen Geschäfts taten die deutschen Banken einen Schritt auf der Bahn, die zu ihrer weltumspannenden Bedeutung und Größe führte. Die Leichtigkeit, mit der sich die Akzepte guter Bankhäuser unterbringen ließen, und die Vorzugsdiskontsätze, die man ihnen einräumte, brachten die Banken einerseits und ihre Kundschaft andrerseits auf den Gedanken, die Form des Bankakzepts auch für die Gewährung anderer, der gewöhnlichen Bankkredite, nutzbar zu machen. Statt des baren Geldes, das die Bank ihrem Klienten im Wege des Kredites überwies, gestattete sie ihm nunmehr, einen Wechsel auf sie zu ziehen, den sie akzeptierte, wogegen der Kunde sich verpflichtete, zum Fälligkeitstermine Deckung zu beschaffen. Bis dahin wurde der Kunde für den Akzeptbetrag in laufender Rechnung belastet. Für den Bankkunden ergab sich der Vorteil, daß er unter Benutzung des billigen Diskontsatzes für „Primabankakzept" zu nicht unerheblich günstigeren Bedingungen den gewünschten Kredit erhielt, als wenn die Bank ihm den Betrag bar überwiesen hätte; die Bank aber leistete zunächst nichts weiter, als daß sie ihre Unterschrift gab. Mit der Zeit verwischte sich auch die Bedeutung der durch die Akzeptation des Wechsels eingegangenen Zahlungsverpflichtung, da infolge der wachsenden Leichtigkeit der Begebung derartiger Papiere auf die wirkliche Bereitstellung der Deckung durch den Wechselaussteller bei Fälligkeit des Papiers nicht mehr ängstlich geachtet wurde; es fiel nicht mehr auf, wenn an die Stelle des fällig gewordenen Wechsels ein neuer trat. Daraus entwickelte sich ein immer steigender Umlauf von Bankakzepten, der noch dadurch besonders gefördert wurde, daß der Privatdiskontsatz an der Berliner Börse lediglich auf derartige Wechsel Anwendung findet.

Bei Einräumung von Barkrediten konnten die Bankhäuser sich nur innerhalb der Grenzen bewegen, die sich aus den ihnen tatsächlich zur Verfügung stehenden Geldern ergaben. Waren die eigenen Kapitalien und die zugeflossenen fremden Gelder erschöpft, so mußten die Banken aufhören, ihrerseits Kredite zu geben oder Gelder anzulegen, es sei denn, daß sie an anderer Stelle selber (Bar-) Kredit in Anspruch nahmen. Diese Beschränkung auf effektiv zur Verfügung stehendes Kapital gab den Bankhäusern einen starken Antrieb, Depositengelder heranzuziehen, mittels deren dann wieder Kreditgeschäfte gemacht werden konnten. Mit der Einbürgerung des Bankakzepts fielen die Schranken. Es war nicht mehr unbedingt nötig, sich um fremde Gelder zu bemühen, solange das eigene Akzept an den Börsen glatt Unterkunft fand. Ob die gerade zur Verfügung stehenden Mittel dem Bankhause gestatteten, ein angetragenes neues Kreditgeschäft zu machen, brauchte nicht mehr Gegenstand der Sorge zu sein; mittels Akzepts konnte auch über die augenblickliche eigene Kraft hinaus der Wunsch des neuen Kunden befriedigt werden. Die Banken hatten ein Mittel zur Hand, sich selbst Kredite zu verschaffen, ähnlich wie eine Notenbank durch Ausgabe ihrer Banknoten selber die Mittel kreiert, mit denen sie Zahlung leistet. Der Unterschied ist jedenfalls kein prinzipieller, sondern nur ein gradueller.

Vorsichtige Bankhäuser werden ohne Zweifel, immer dessen eingedenk, daß sie wechselmäßig für die Einlösung ihres Akzepts haften, bei Gewährung von Akzeptkredit vernünftige Grenzen innehalten. Aber gegenüber der Gewöhnung des Publikums und im Konkurrenzkampfe ist das um so schwieriger, als auch die Nachfrage nach „Prima Bankakzept" zuweilen kaum befriedigt werden kann.

Die wirtschaftlich bedenkliche Seite der Entwicklung liegt auf der Hand. Für das Maß, in dem ein Bankhaus, abgesehen von den eigenen Kapitalien, die Verfügung über fremde Gelder erhält, ist nicht mehr das individuelle Vertrauen des Einlegers oder sonstigen Gläubigers entscheidend, spielt nicht mehr das Urteil über die Kreditwürdigkeit des Bankhauses die Hauptrolle, sondern das Bankhaus selbst bestimmt den Umfang seiner Geschäfte. Die unpersönliche Zahl, die Vielköpfigkeit der Diskonteure tritt an die Stelle des Einzelermessens. Nicht mehr das Warengeschäft, der wirkliche Handelsabschluß, ist regelmäßig Grundlage des Bankkredits, wie in der ursprünglichen Remboursform, sondern immer mehr bildet die bloße Kreditgewährung die Basis. Das Bankakzept ist in der Hauptsache reines Kreditpapier geworden. Es ist auch dem Kaufmann leichter geworden, Kredit zu erhalten, und das wird ihn nicht selten verführen, sich über seine Kräfte zu engagieren. Soweit derartiges Kreditpapier in die Portefeuilles der Banken gelangt, bildet es ein Deckungselement, das trotz der Sicherheit, die an sich in der Akzeptverpflichtung anderer erster Bankhäuser liegt, in kritischen Zeiten irritierend wirken kann. Denn die Gewißheit der Bareinlösung hängt, wenn die akzeptierende Bank nicht imstande ist, aus den zur Bestreitung auch aller übrigen Verbindlichkeiten dienenden, bereiten Mitteln Deckung zu gewähren, davon ab, inwieweit die Barmittel von den zur Deckung verpflichteten Kunden eingehen, was sich wiederum nur danach richtet, ob und in welchem Maße die Beteiligten innerhalb ihrer Kräfte geblieben sind. Soweit aber diese Bankakzepte an die Reichsbank gelangt sind, bedeuten die dagegen ausgegebenen Banknoten, wie der „Deutsche Ökonomist“ mit Recht hervorhebt, fiktives Kapital. Es fehlt leider der Reichsbank an jeder Möglichkeit, derartige Papiere innerhalb gewisser Grenzen abzulehnen, wenn sie nicht gewaltige Erschütterungen auf dem Kreditmarkte hervorrufen will. Erst wenn jene Grenze im einzelnen Falle überschritten wird, kann sie zu der von Schinckel erwähnten vertraulichen Verwarnung schreiten. Aber es hängt von Zufälligkeiten ab, ob sich gerade bei ihr die Akzepte des einzelnen Bankhauses in dem Umfange sammeln, daß sie die übermäßige Ausdehnung des Akzeptenkontos bemerken muß. Gerade die große Nachfrage nach „Prima Bankakzept“ hält die Papiere gewöhnlich in den Portefeuilles der Bankhäuser fest. Soweit Aktienbanken in Betracht kommen, liefern die alljährlich veröffentlichten Bilanzen einigen Anhalt über den Umfang der Akzeptverpflichtungen. Selbst dieser fehlt aber bei den Privatbankiers gänzlich, und es ist kein Geheimnis, daß häufig diejenigen unter ihnen, die schwach geworden sind, gerade mit Hilfe des Akzeptkontos die kaufmännische Welt lange über den wahren Stand ihrer Verhältnisse zu täuschen gewußt haben. Es darf beispielsweise nur an den Fall von Haller, Söhle & Co. in Hamburg erinnert werden.

So beeinflußt das Bankakzept das Aktivum wie das Passivum der Bankbilanzen in erheblicher Weise, und da dem Akzeptkonto buchmäßig nur das Debitorenkonto gegenübersteht (insofern der Kunde für das von der Bank geleistete Akzept in laufender Rechnung belastet wird), bilanzmäßig aber die Bereitstellung liquider Mittel erfordert, so hängt die Sicherung der Depositengelder in hohem Maße davon ab, daß mit gehöriger Vorsicht bei der Akzeptgewährung verfahren wird.

Auf dieses wichtige Thema sind aber, außer dem Vorsitzenden, nur die Mitglieder Heiligenstadt, Schinckel und Kämpf näher eingegangen. Die Forderungen von Heiligenstadt erstreckten sich auf eine Regelung der Akzeptgewährung im Wege einer allgemeinen Vorschrift, etwa in der Art, daß zwischen Eigenkapital und Akzeptumlauf ein bestimmtes Verhältnis einzuhalten wäre (S. 43, 166). Gerade diese Anregung bekämpft Schinckel und hält sie für praktisch undurchführbar (S. 59), während Kämpf offenbar das Richtige trifft, wenn er den Schinckelschen Standpunkt wohl bezüglich der sich aus dem überseeischen Verkehr ergebenden, also im Remboursgeschäfte gewährten Akzepte gutheißt, aber für die Einschränkung der gegen Hinterlegung von Wertpapieren oder Hypotheken eingeräumten Akzeptkredite eintritt (S. 170). Es ist anzunehmen, daß Kämpf alle nicht auf dem Warenkreditgeschäft beruhenden Bankakzepte im Auge gehabt hat.

Man kann nicht sagen, daß die Kommissionsverhandlungen, soweit sie den Akzeptkredit in seiner Bedeutung für die Liquidität und Sicherheit von Bankunternehmungen betrafen, der Wichtigkeit des Gegenstandes gerecht geworden sind. Wenn der Anschein nicht trügt, so ist diese Empfindung auch von dem Reichsbankpräsidenten geteilt worden. Wenigstens darf einigen Sätzen aus der Rede, mit der er die Generaldebatte schloß, diese Deutung beigelegt werden. Der Vorsitzende sprach von Kreditüberspannungen und in Verbindung damit auch von Übertreibungen in der Gewährung und Benutzung des Bankakzepts und der Bankziehung, und bezeichnete es als nicht den mindest wichtigen und wirkungsvollen Teil der Aufgaben der Enquetekommission, Mahnungen und Vorschläge zu ihrer Abhilfe zu machen.

Es verdient in diesem Zusammenhange noch eine Äußerung des Mitgliedes Schinckel erwähnt zu werden, welche als Charakteristikum für die Auffassung eines sicher nicht unerheblichen Teils der Großbankleiter gelten darf. Schinckel bedauerte das Entstehen von solchen Wechseln, welche von den Banken auf ihre Kunden gezogen, ihnen diskontiert und dann in die Portefeuilles der Banken gelegt werden. Diese Wechsel hätten mindestens einen Schönheitsfehler, „denn es gehört sich, daß der Kunde auf die Bank zieht, und nicht umgekehrt" (S. 173). Welche Empfindungen dabei die Vertreter der Reichsbank gehegt haben, denen bekannt war, in welchem Umfange gerade die von Schinckel perhorreszierte Form, namentlich im Osten der Monarchie, Anwendung findet, das zu wissen wäre von großem Interesse. Es ist Schinckel zuzugeben, daß auch mittels der Ziehung der Bank auf den Kunden Kreditüberspannungen hervorgerufen und fiktives Kapital dargestellt werden kann, wenn nämlich die erwähnten Wechsel sofort rediskontiert und die Erlöse wieder und wieder zu ähnlichen Geschäften verwandt werden. Aber warum gerade diese, doch der ursprünglichen und legitimsten Form der Bankkreditgewährung, dem Barvorschuß, viel näher stehende Art des Kredits weniger Daseinsberechtigung haben soll wie die zwar ausgewachsenere, aber jüngere Form des Bankakzepts, ist nicht einzusehen.

Nicht ganz leicht ist es, die Motive zu verstehen, aus denen die Anregung, die Depositengelder besonders zu verwalten, von der Kommission fallen gelassen ist. Die angeführten Ablehnungsgründe sind nichts weniger als schlüssig. Selbstverständlich wäre es erforderlich, zunächst die Begriffsbestimmung für Depositengelder festzulegen. Daß die in dieser Hinsicht unleugbar vorhandenen Schwierigkeiten nicht unüberwindlich zu sein brauchen, ist schon hervorgehoben (vgl. S. 22 ff.). Daß auch weiterhin die gesonderte Verwaltung nur in Verbindung mit der Einräumung eines Vorrechts im Konkurse denkbar wäre, ist gleichfalls richtig. Wenn aber eingewandt wird, daß durch eine solche die anderen Gläubiger ohne rechten Grund benachteiligt würden, so nimmt sich das im Hinblick darauf einigermaßen sonderbar aus, daß als eigentlicher Zweck der Enquete die bessere Sicherung der Depositengelder galt. Wird nun als Grund gegen diese bessere Sicherung angeführt, die Depositengläubiger würden ohne rechten Grund bevorzugt — was gleichbedeutend mit der Benachteiligung der anderen Gläubiger wäre —, so ist damit die Frage der besonderen Sicherung überhaupt verneint. Es mag dahingestellt bleiben, ob die letztere zweckmäßig oder erwünscht ist; wer aber die Frage bejaht, kann den angeführten Grund nicht gelten lassen. Beachtenswerter ist schon der Einwand, daß die juristische Definition des Vorzugsrechts zu Schwierigkeiten führe. Nachdem es indessen gelungen ist, ähnlicher Schwierigkeiten, z. B. bei dem Wuchergesetz, dem Gesetz betr. den unlautern Wettbewerb u. a., Herr zu werden, würde auch im vorliegenden Falle die juristische Fassung schwerlich unüberwindliche Schwierigkeiten bieten. Wenn Lexis, der im übrigen den Gedanken der gesonderten Verwaltung und des Gläubigervorzugsrechts für durchführbar hält, nur wegen der entstehenden Kosten und der niedrigeren Verzinsung der Depositen Bedenken hat, so sind diese als durchschlagend gewiß nicht zu erachten. Eine Lösung der Frage in der Weise, daß den Bankhäusern, die Depositengelder annehmen, die abgesonderte Verwaltung der gegen die letzteren valedierenden Vermögensstücke unter Normen vorgeschrieben würde, für welche das Gesetz, betreffend die Pflichten der Kaufleute zur Aufbewahrung von Wertpapieren, einen frei zu benutzenden Anhalt gewähren könnte, läge wohl innerhalb der Grenzen des praktisch Möglichen. Kontrollen von außerhalb blieben danach ausgeschlossen, und die Aufrechterhaltung der vom Gesetz vorgeschriebenen Ordnung wäre der pflichtmäßigen Sorge und Gesetzestreue des Bankierstandes überlassen. Selbst einen Schritt weiter könnte man vielleicht ohne erhebliche Bedenken wagen, insofern auch die regelmäßige Publikation der Depositensummen einerseits, der entsprechenden Vermögensstücke andrerseits, getrennt nach großen Rubriken (etwa Kasse, Wechsel, Wertpapiere, Forderungen je in einer Summe) in Erwägung gezogen würde. Derartige Publikationen würden auch die Privatbankiers vornehmen können, ohne daß die von allen Seiten beanstandete

Offenlegung ihrer Vermögensverhältnisse in Frage käme. Die Idee bedürfte natürlich noch der eingehenden Durchprüfung, aber es leuchtet auch ein, wie bedeutungsvoll ihre Durchführbarkeit für die Entwicklung des Depositenwesens sein würde; fände doch damit das überaus schwierige Problem, die Veröffentlichungspflicht gleichmäßig für Banken und Privatbankiers zu regeln, eine befriedigende Lösung. Daß von seiten der größeren Institute keine Bedenken zu erwarten sind, möchte daraus zu schließen sein, daß unwidersprochen behauptet worden ist, sie erwögen im Hinblick auf gewisse Fälle die Absicht, für ihr Depositengeschäft eigene Aktien- oder ähnliche Gesellschaften zu bilden, deren Anteile in ihrem Besitze blieben. Bei Durchführung dieser Absicht würde sich ergeben, daß in bezug auf abgesonderte Verwaltung und Verwahrung, auf die Rechte der Gläubiger und auf die Publikationspflicht die neuen Gesellschaften annähernd so stehen würden, wie es nach der obigen Anregung für die Muttergesellschaften der Fall wäre.

In bezug auf die Frage, wie dem Unwesen der sog. wilden Bankiers und der von ihnen betriebenen Anlockung des Publikums zur Hergabe von Depositen zu steuern wäre, hat sich die Kommission zu einem positiven Votum nicht zu vereinigen vermocht. Allerseits wurde zugegeben, daß der Schade, den dergleichen Leute gerade in den Kreisen der kleinen Sparer anrichten, erschreckend groß sei. Die dazu von Heiligenstadt genannten Zahlen wirkten geradezu wie eine Sensation, und der Fall Friedberg trat durch die Raabschen Ausführungen den Anwesenden lebendig vor die Augen. Trotzdem konnte sich die Mehrheit nicht entschließen, den Erlaß eines besonderen Gesetzes zum Schutze der bedrohten Volkskreise anzuraten. Die einen erwarteten die Abhilfe lediglich durch bessere Aufklärung des Publikums, durch Belehrung darüber, daß hohe Zinsen mit sicherer Anlage nicht im Einklange stehen. Roland-Lücke wollte sogar den Schulen diese Aufklärung übertragen, ein neuer Beitrag zu dem Strauße frommer Wünsche bezüglich dessen, was die Schule in höchstens 30 Stunden pro Woche leisten soll. Schinckels Erklärung, er könne nötigenfalls sich mit dem Erlaß einer administrativen Verordnung, die die mißbräuchliche Anwendung des Wortes Sparkasse in irgendeiner Verbindung untersage, abfinden, und wenn es gar nicht anders ginge, so möge auch die Einzelstaatsgesetzgebung eingreifen, wenn nur nicht etwa eine reichsgesetzliche Regelung der Materie erfolge —, ist schwer zu verstehen. Gerade in Hamburg hat man doch das ganze Elend der verschiedenartigen Einzelstaatsgesetze bezüglich des Lotteriewesens genugsam kennen gelernt. So groß sollte doch die Scheu vor dem legislativen Eingreifen des Reichstags nicht sein, daß ihr selbst in einem solchen Falle die Buntscheckigkeit der einzelstaatlichen Regelung vorgezogen wird. Auch der Einwand der schwierigen juristischen Fassung kehrt hier wieder, er ist aber schwerlich sehr begründet. Gegenüber dem etwas schwächlichen Auswege, die Reichsbank solle, erforderlichenfalls unter Inanspruchnahme der Hilfe des Zentralverbandes des Deutschen Bank- und Bankiergewerbes, gegen das „Anreißertum“ vorgehen, hat das Votum derjenigen, die für den Erlaß eines Reichsgesetzes gegen die Schädlinge eintraten, den Vorzug der Folgerichtigkeit. Niemand wird in Abrede stellen, daß in einigen Fällen der Einfluß der Reichsbank ausreichen würde, um auf bestimmte Personen entsprechend einzuwirken, wie auch das energische Vorgehen des Zentralverbandes gegen die Pseudobankiers behufs Erzielung von mehr Firmenwahrheit alle Anerkennung verdient. Aber wie schon in der Kommission erwähnt wurde, steht die Mehrzahl der Winkelbankiers weder mit der Reichsbank in Verbindung, noch sind diese Leute Mitglieder des Zentralverbandes: demzufolge muß die Einwirkung beider Stellen vielfach versagen. Überdies ist es fraglich, ob die Reichsbank die ihr zugeteilte Rolle zu übernehmen geneigt ist. Daran, daß versucht werden muß, und zwar in unausgesetzter Arbeit, das große Publikum über den höchst zweifelhaften Wert hohen Zinses im Verhältnis zur Sicherheit der Anlagewerte aufzuklären, ist unbedingt festzuhalten. Mit der Aufklärung allein, das lehren die Erfahrungen aller Zeiten, ist aber auf diesem Gebiete nicht viel zu erreichen, schon weil es kein Mittel gibt, die Aufklärung bis in die fernsten Winkel zu bringen. Auch das Gesetz, betreffend den unlauteren Wettbewerb, versagt nach dem Zeugnis der Kommission in vielen Fällen. Warum unter diesen Umständen den Schädlingen gegenüber nicht auf reichsgesetzlichem Wege vorgegangen werden soll, bleibt dunkel. Dieser Weg verdiente auf jeden Fall den Vorzug vor der gleichfalls angeregten

Regelung der Frage durch einen Nachtrag zur Gewerbeordnung, mittels dessen der Bankierbetrieb unter eine Art von Konzessionszwang gebracht werden soll. Auf keinem Gebiete ist die bekundete Zaghaftigkeit weniger angebracht als hier, wo es sich um die Bekämpfung eines wirklichen wirtschaftlichen Krebsschadens handelt, und daß halbe Maßregeln schlechte Folgen zeitigen können, zeigt wieder einmal der soeben erwähnte gutgemeinte, aber in seinen Konsequenzen unter Umständen recht bedenkliche Vorschlag.

Mit dem Heiligenstadtschen Vorschlage, nach dem den Banken das Halten einer sog. Zwangsreserve bei der Reichsbank auferlegt werden soll, hat sich die Kritik schon in sehr umfassender Weise beschäftigt und ihn in der Mehrheit abgelehnt. Es dürfte deshalb genügen, wenn die Gründe, welche dagegen geltend gemacht worden sind, hier kurz zusammengefaßt werden.

Es ist nicht zutreffend, daß mittels der Giroguthaben, also auch nicht mittels Zwangsguthaben, die Leistungsfähigkeit der Reichsbank auf das Dreifache steigt, wie und weil es auch nicht zutrifft, daß diese Guthaben sich automatisch in Metall d. h. Notendeckung umwandeln.

Nicht einmal um den als Zwangsreserve eingelegten Betrag würde die Leistungskraft der Reichsbank steigen, da ein gewisser, vermutlich ein sehr erheblicher Teil der Zwangsreserve in der Form des gutzuschreibenden Erlöses aus Wechseldiskontierungen bei der Reichsbank selbst aufgebracht werden würde.

An Umlaufsmitteln hat es infolge der elastischen Notenausgabe niemals gefehlt.

Das der Zentralnotenbank zustehende Recht, im dreifachen Betrage ihres Metallbestandes Noten auszugeben, ist noch niemals voll ausgenützt worden und kann in gewöhnlichen Zeiten auch nicht zur vollen Ausnützung gelangen, weil die entsprechende Menge bankfähiger Wechsel gar nicht erreichbar ist. Die Vorstellung, jeder eingelegte Metallbetrag bedeute für die Reichsbank den dreifachen Betrag ausgegebener Noten, ist eine Fiktion und entspricht den tatsächlichen Verhältnissen nicht.

Die Zwangsreserve würde hiernach keineswegs immer eine nutzbare oder nützliche Stärkung der Reichsbank, wohl aber in jedem Falle eine Schwächung der beteiligten Kreditbank bedeuten, weil dieser der Zugriff zu der „Reserve“ praktisch unmöglich gemacht ist. Nicht eine Verstärkung der greifbaren Mittel der Kreditbanken, sondern das Gegenteil träte ein.

Unzutreffend ist die Annahme, daß die von Heiligenstadt befürwortete Organisation der Dezentralisation dienen würde. Sie würde umgekehrt einen gewaltigen Schritt nach der Richtung des Einreservesystems bedeuten.

Mit Unrecht wird übrigens gegen den Heiligenstadtschen Plan der Einwand erhoben, die Zwangsreserve würde aus dem Grunde nicht als Sicherstellung der Depositengläubiger angesehen werden können, weil sie theoretisch allen Bankgläubigern zur Verfügung stände und tatsächlich nur einigen wenigen zur Deckung dienen werde, nämlich denen, die zuerst den Zugriff ausübten. Der Sachverhalt trifft zu, es würden aber die Verhältnisse völlig gleich liegen, wenn der als Zwangsreserve hinterlegte Betrag in den Kassen der Kreditbank geblieben wäre.

Von Interesse sind die Ausflüge auf das Gebiet der Notenbank- und Währungspolitik, die sich an die Erörterung der Heiligenstadtschen Vorschläge knüpften. Die Lösung des Problems, das Zentralgeldreservoir zu stärken, suchten Freiherr v. Gamp und Schmidt durch selbständige Pläne zu erreichen, die indessen nicht eigentlich Gegenstand der Diskussion geworden sind. Beiden gemeinsam ist aber die Vorstellung eines „zweiten Juliusturmes“; sie wollen die als „Reserve“ aufgebrachten Beträge flüssigen Kapitals in Metallform nur unter gewissen Umständen der Reichsbank zur Verfügung überlassen. Freiherr v. Gamp will dadurch verhindern, daß das Ausland mittels Präsentation von Noten der Reichsbank dieses Gold entzieht. Freilich würde damit die in seinem Plane vorgesehene Möglichkeit nicht in Einklang zu bringen sein, daß die Reichsbank in Zeiten des Bedarfs Gold darlehnsweise aus dem „zweiten Juliusturm“ entnähme. Das entlehnte Gold wäre doch gegen Ausfuhr nicht geschützt. — Bei Schmidts Plan interessiert besonders die Annahme, die Beschaffung von 200 Millionen Mark Gold sei ohne weiteres in der Weise durchzuführen, daß man um den gleichen Betrag weniger Auslandsanleihe in das Inland einführe!

Man wird den Vätern dieser Gedanken schwerlich unrecht tun, wenn man annimmt, daß es sich hier nicht um ausgereifte und völlig durchdachte Vorschläge handelt, sondern daß nur

Anregungen ohne Anspruch auf glatte Durchführbarkeit gegeben werden sollten. Wesentlich anders sind aber die Ströllschen Ausführungen zu beurteilen, in denen dieser hervorragende Fachmann darauf hinweist, daß der springende Punkt in der ganzen Frage darin liege, daß man die inneren Goldminen ausbeute. Bündiger und klarer läßt sich das, worauf es ankommt, schwerlich ausdrücken. Nicht in der Einfuhr von Gold wurzeln die Schwierigkeiten, sondern in dessen Festhalten bei der Reichsbank. Kein europäischer Staat, Frankreich allein ausgenommen, ist reicher mit Gold gesättigt, als Deutschland, aber auch in keinem ist der Goldbesitz der Zentralnotenbank so schwach. Alle die im Wege des Zahlungsverkehrs oder der Arbitrage eingeführten Goldmengen sind in den Verkehr gelangt, weil der Reichsbank die Handhaben fehlten, das Gold festzuhalten. Und während in unzähligen Börsen und Geldtaschen dieses Gold als bequemes Zahlungsmittel, aber unproduktiv, herumgetragen wurde, mußte die Zentralnotenbank zur Verteidigung ihres Goldbestandes gegen das Ausland zu der Waffe der Diskonterhöhung schreiten. Handel, Gewerbe, Landwirtschaft, Industrie mußten die Last des höheren Diskonts tragen. Erst durch die Gesetzgebung der neuesten Zeit sind der Reichsbank Mittel in die Hand gegeben worden, sich gegen den Abstrom des Goldes in den Umlauf zu wehren. Sie darf Banknoten über kleine Beträge ausgeben und ihre Noten haben die Eigenschaft des gesetzlichen Zahlungsmittels erhalten. Aber ob es möglich sein wird, mit diesen Mitteln auch Gold in größerem Umfange aus dem Verkehr in die Reichsbank zu leiten — oder, um mit Ströll zu sprechen, die inneren Goldminen auszubeuten — bleibt eine offene Frage. Die Gewöhnung des Publikums an die Goldmünzen wird sich schwerlich erschüttern lassen. Und was Gewöhnung tut, lehrt uns ein Blick nach Österreich, wo noch heute das Goldstück lästig ist und jedermann Zahlung in Noten wünscht. Beinahe möchte man sich demgegenüber versucht fühlen, das tu felix Austria zu variieren. Die Erkenntnis, daß wir uns im Irrtum befanden, als wir die unbeschränkte Verwendung der Goldmünzen in dem täglichen Zahlungsgebrauche für die höhere Stufe des wirtschaftlichen Verkehrs ansahen, wird sich nur sehr langsam Bahn brechen. Sie ist aber in der Enquetekommission hervorgetreten, wie das Wiederauftauchen der alten v. Dechend'schen (eigentlich

Levy'schen) Idee zeigt, die Goldmünzen von zehn Mark abwärts aus dem Verkehr zu ziehen. Nach der entgegengesetzten Seite hin wird die Richtigkeit der vorstehenden Ausführungen dadurch dargetan, daß jetzt schon von einem Fehlschlagen des mit der Ausgabe kleiner Banknoten angestellten Versuchs, die Verwendung von papiernen Zahlmitteln behufs Heranziehens von Gold aus dem Verkehr einzubürgern, gesprochen wird. Roland-Lücke hat schlagend nachgewiesen, daß es an den Kassenverwaltern liegt, wenn die Maßregel stecken bleibt.

Auf einem andern Wege und einem andern Gebiete suchte ein Teil der Kommissionsmitglieder das Ziel, die Leistungsfähigkeiten der Reichsbank zu erhöhen, zu erreichen. Auch diese Bestrebungen sind in wenige Worte zusammengefaßt worden: Reichsbank, werde hart! Von der Tatsache ausgehend, daß alle Ausschreitungen in der Kreditinanspruchnahme und -gewährung ihren Ausdruck in der Anspannung der Reichsbank finden und den Kreditorganismus beeinflussen, wird der Reichsbank anheimgegeben, gegen Überspannungen dieser Art mit Rücksichtslosigkeit vorzugehen. Sie sei dazu nicht nur imstande, sondern erfülle sogar eine Pflicht. Schinckel weist auf den tiefgehenden Eindruck hin, den eine vertrauliche Verwarnung der Bank von England auf den Citykaufmann hervorrufe, und zweifelt nicht, daß der Einfluß der Reichsbank nicht minder stark sei. Er will, daß das „Bankgewissen" geschärft werde, und wünscht, es möchten die „Zehn Gebote des Bankdirektors" überall befolgt werden.

Des wenig rühmlichen Anteils, der den Fiskus trifft, wenn die Frage der Einengung der Betriebsmittel der Reichsbank zum Nachteile von Handel und Verkehr aufgerollt wird, gedachten mehrere Redner. Aber noch lange nicht scharf genug ist das bei uns üblich gewordene und nur durch die ewige Finanznot des Reichs einigermaßen erklärliche Verfahren charakterisiert worden, ohne jede Rücksicht auf die eigentlichen Zwecke und Aufgaben der Reichsbank den Geldbedarf des Reiches durch Begebung von Schatzanweisungen an diese zu befriedigen. Hoffentlich bringen die nächsten Jahre die in Aussicht gestellte Besserung! Sonst untergräbt das Reich selbst eins der stärksten Argumente gegen das Fortbestehen der Reichsbank in der gegenwärtigen Form; vielleicht würde auch die Frage aufzuwerfen sein, ob § 35 des Bankgesetzes der Reichsbankverwaltung nicht ein

Mittel in die Hand gibt, eine Schutzwehr gegen diese Ansprüche des Reichs aufzurichten.

Auf die in der Kommission gefallenen Bemerkungen über das Aufsichtsratswesen näher einzugehen, liegt an dieser Stelle kein Anlaß vor. Die Frage der Reform ist im Flusse und es besteht schon eine recht umfangreiche Literatur über den Gegenstand. Namentlich sei an die Riessersche Schrift „Zur Aufsichtsratsfrage" erinnert, in der neben dem hervorragenden Juristen der ausgezeichnete Sachkenner das Wort genommen hat. Einen neuen Anstoß wird die Bewegung voraussichtlich durch eine in den jüngsten Tagen im Reichsanzeiger (4. Oktober 1910) publizierte Auslassung erhalten, die in Anknüpfung an den Fall der Niederdeutschen Bank die Pflichten des Aufsichtsrats behandelt. Sie kommt zu dem Schlusse, daß die bestehenden gesetzlichen Bestimmungen dem Aufsichtsrate eine bei den ursprünglichen Grundlagen, den Belägen, einsetzende, auf sämtliche Einzelvorgänge des abgelaufenen Geschäftsjahres sich erstreckende Prüfung der Bilanz und der Jahresrechnung zur Pflicht machen. Bilanzrevisionen mit Hilfe sogenannter Stichproben seien ungesetzlich.

Nach den Ausführungen der vorliegenden Schrift über die technische Unmöglichkeit genauer Einzelprüfungen, selbst durch den Vorstand, kann kein Zweifel darüber bestehen, daß die obige Auslassung Unmögliches fordert, soweit es sich um größere und große Betriebe handelt. Zwar schafft ein anonymer Artikel im Reichsanzeiger kein neues Recht. Aber wenn anzunehmen wäre, daß der Kalkulatorengeist, aus dem die Auslassungen geboren sind, Eingang in die Rechtsprechung fände, dann würde eine Massenflucht aller gewissenhaften und fachkundigen Männer aus den Aufsichtsratsstellen die Folge sein müssen. „Vernunft wird Unsinn, Wohltat Plage."

Innerhalb und außerhalb der Bankenquete ist viel darüber gestritten worden, ob die Veröffentlichung von periodischen Bankausweisen (sog. Zwischenbilanzen) von irgendwelchem Werte sei oder nicht. Für den unbefangenen Beurteiler kann es keinen Zweifel darüber geben, daß derartige Publikationen nicht ohne Nutzen sind. Freilich nicht von unmittelbarem. Der Glaube, man könne aus einer Bilanz erkennen, ob ein Bankgeschäft für seine Verbindlichkeiten als sicher zu erachten sei, ist hinfällig. Der Kämpfsche Ausspruch, aus keinem wie immer gearteten Schema werde sich der eigentliche Stand einer Bank erkennen lassen, ist unbedingt richtig. Der Nutzen der Zwischenbilanzen liegt anderswo und kann erst in der Zukunft zutage treten. Die Kritik, die die Fachgenossen, und gerade die als nächste Konkurrenten in Betracht kommenden, an den Zwischenbilanzen üben oder richtiger üben könnten, kann und wird nicht ohne Einfluß auf die Bankunternehmungen bleiben. Es ist für die an einem mittleren Orte vorhandenen zwei oder drei Bankniederlassungen keineswegs gleichgültig, was die Leiter der einen an berechtigten Ausstellungen hinsichtlich des Standes der anderen geltend machen könnten, eben weil man die Verhältnisse gegenseitig zu beurteilen versteht. Ähnlich liegen die Dinge hinsichtlich der Kritik durch die Fachpresse. Das öffentliche Urteil wird erzieherisch wirken, zunächst auf die Bankleiter, dann aber, wenn auch langsam, auf das beteiligte Publikum. Die Zeitungsbesprechungen fördern ohne Zweifel bei den Einlegern von Depositen mit der Zeit das Verständnis für Bilanzen, für Unterschiede in der Qualität der Bankhäuser, mit einem Wort, für alle Fragen des wirtschaftlichen Lebens. Man darf nicht einwenden, daß diese Wirkungen sich schon an die Veröffentlichungen der Jahresbilanzen hätten knüpfen können. Die zeitlichen Zwischenräume sind hier zu groß, als daß sich das Interesse nicht wieder verflüchtigen sollte. Die erwähnten Wirkungen werden sich voraussichtlich aber auf Grund der Zwischenbilanzpublikationen der Großbanken nicht in erheblichem Umfange wahrnehmbar machen. Sie könnten erst in voller Stärke eintreten, wenn auch die Bankgeschäfte der Provinzstädte dem gegebenen Beispiele folgten. Der Meinung, es habe gar keinen Nutzen, wenn die Öffentlichkeit den Stand von kleinen Unternehmungen mit nur einigen hunderttausend Mark Umsatz erfahre, kann nicht beigepflichtet werden. Das Gegenteil folgt aus der Erfahrung, daß gerade bei den mittleren und kleineren Bankgeschäften das Liquiditätsverhältnis am wenigsten befriedigend zu sein und daß der Zusammenbruch eines solchen Hauses die tiefsten Wunden zu schlagen pflegt.

Aber freilich lenken diese Betrachtungen den Blick auf die ungeheuren Schwierigkeiten hin, welche überwunden werden müßten, wenn die Veröffentlichung regelmäßiger Ausweise allgemeine Pflicht des Bankierstandes werden soll. Besonders eindringlich setzt sich die Erkenntnis durch, daß die Einrichtung Stückwerk bleiben, ganz erheblich an Wert einbüßen müßte, wenn es nicht gelänge, einen Weg zu finden, der die Einbeziehung der Privatbankiers in den Kreis der Publizierenden ermöglicht. Einstweilen scheinen die Schwierigkeiten in dieser Beziehung unüberwindlich, gerade weil — um Schinckels Worte zu wiederholen — diejenigen widerstreben werden, auf die es ankommt: die schwächeren Häuser. Die Kommission hat leider diesem wichtigen Problem gegenüber sich mit der Negation begnügt. Ob nicht eine Möglichkeit bestände, dem Ziele auf die oben (S. 118) erörterte Weise näher zu kommen, indem die Publikation sich auf die Angabe der Depositengelder einerseits und der als Aktiva ihnen gegenüberstehenden Vermögensstücke, nach großen Gattungen getrennt, andrerseits beschränkte, muß offene Frage bleiben. Hier wäre Definition des Begriffs Depositengeld sowie die Gewährung des Vorzugsrechts im Konkurse Voraussetzung.

Die Hoffnung, daß man in diesem Punkte ohne eine erzwingbare Verpflichtung auszukommen vermöchte, kann man nicht teilen. Selbst die Gegner des gesetzlichen Zwanges in der Kommission scheinen dieser Ansicht gewesen zu sein. Denn schließlich bedeutet ein durch die Reichsbank auszuübender Zwang zur Aufnahme der periodischen Veröffentlichungen, von dem Roland-Lücke spricht, eben einen Zwang, vielleicht sogar einen noch empfindlicheren als ihn ein Gesetz auszuüben vermöchte. Der Zwang von seiten der Reichsbank stellt sich dar — und darin wurzelt auch das Bedenken gegen ihn — als die verhüllte Ankündigung wirtschaftlicher Nachteile. Wie wäre es, in unser geliebtes Deutsch übertragen, anders zu nennen, wenn ein Direktor einer Reichsbankanstalt einem Bankleiter, der der sanft überredenden Bitte nicht Folge geleistet hat, zu erkennen gibt, bei weiterer Resistenz werde die Reichsbank den Verkehr mit ihm abbrechen? Auch sonst könnte die Einwirkung der Reichsbank zu mißlichen Folgen führen. Bekanntlich hat sich von den Berliner Großbanken nur die Berliner Handelsgesellschaft von der Veröffentlichung der Zwischenausweise ausgeschlossen. Sie hat, nach den Zeitungen, zur Begründung ihrer ablehnenden Haltung geltend gemacht, sie nehme Depositengelter nicht an. Wenn aber der Fall einträte, daß eine Bank von ähnlicher Bedeutung, obwohl sie Depositenschuldnerin ist, sich weigerte, Zwischenbilanzen zu publizieren, sollte auch da die Reichsbank einen Zwang in Aussicht nehmen? Es genügt wohl, einen derartigen Fall nur anzudeuten, um darzutun, daß auf diesem Wege unabsehbare Schwierigkeiten liegen. Welche Bedenken im übrigen die der Reichsbank von der Mehrheit der Kommission zugeteilte Rolle als Handhaberin der Ordnungspolizei hat, ergibt sich auch bei Prüfung der (später zu erörternden) Anregung wegen des Bankbeirats. Man kann daher Gontard nur beitreten, wenn er die schließliche Unentbehrlichkeit eines gewissen Zwanges betont. Dieser ist übrigens inzwischen Tatsache geworden, insofern § 4 Ziffer 5 der neuen Bestimmungen des Bundesrats über die Zulassung von Wertpapieren zum Börsenhandel anordnet, daß bei (neuen) Aktien inländischer Kreditbanken die Verpflichtung übernommen werden muß, neben der Jahresbilanz regelmäßig Bilanzübersichten zu veröffentlichen. — Aus den, eine gewisse Verlegenheit bekundenden Vorschlägen, wonach die Bilanzen der Privatbankiers an die Zulassungsstellen eingereicht oder die Regelung des Ganzen dem Bankbeirate überlassen werden soll, geht gleichfalls hervor, daß man sich die Sache ohne eine gewisse Reglementierung nicht recht vorstellen kann.

Alle die Zwischenbilanzen angehenden Einzelfragen können durch die Besprechungen in der Enquete als genügend geklärt angesehen werden. Wenn man sich für Monatsausweise — trotz des Beispiels, das die Norddeutsche Bank in Hamburg schon seit vielen Jahren gibt — nicht zu entscheiden vermochte, so läßt sich das angesichts der Arbeitslast, die den Banken aus den Zusammenstellungen erwächst, wohl begreifen. Es mag richtig sein, daß dem genauen Beobachter das Fehlen der „schweren“ Quartalstage als klaffende Lücke erscheint. Aber es ist bereits darauf hingewiesen, daß die Zwischenbilanzen an sich überhaupt keinen Schluß auf den wahren Stand der Bank zulassen und ihr Wert auf anderen Gebieten liegt. Dem hiernach verfolgten Zwecke genügen auch Zweimonatsausweise. Aus gleichem Grunde erübrigt sich auch eine starke Spezialisierung. Sie hat auch sonst ihre Bedenken. Wollte man beispielsweise die „gedeckten“ (durch hinterlegte Pfänder oder Bürgschaften sichergestellten) von den Blanko-Forderungen trennen, so entständen leicht vollständig irrige Anschauungen über den Grad der bei den einzelnen Banken vorhandenen Verlustmöglichkeiten aus Kontokorrentforderungen. Denn nicht darauf kommt es an, ob eine Deckung vorhanden ist, sondern welche Sicherheit sie bietet. In Bankkreisen gelten deshalb auch gemeinhin die Blankodebitoren als die besten. Ähnlich liegen die Dinge bezüglich der vielumstrittenen Forderung, daß die Verpflichtungen aus weiterbegebenen Wechseln angegeben werden sollen, während der mindestens ebenso wichtigen Bezifferung der verpfändeten oder als Sicherheit hinterlegten Aktiva kaum gedacht worden ist. Ohne Kommentar sagen beide Angaben herzlich wenig. Überhaupt sollte bezüglich des Schemas der Veröffentlichungen alles der Entwicklung und Erfahrung überlassen werden. Auch hier ist das Bessere des Guten Feind. Den von den beiden hervorragenden Praktikern Roland-Lücke und Schinckel in bezug auf das Schema gemachten Vorschlägen können bessere zur zeit nicht entgegengestellt werden. Ob es aber wirklich zweckmäßig sein würde, in den verschiedenen Wirtschaftsgebieten verschiedenartige Schemata anzuwenden, wie von einigen Seiten gewünscht wurde, ist mindestens recht zweifelhaft. Es liegt hier offenbar immer wieder die Vorstellung zugrunde, aus den Zwischenausweisen ließe sich ein richtiges Urteil über den Stand der Bankunternehmungen gewinnen. Dagegen wäre die ebenfalls als wünschenswert bezeichnete Beschleunigung der Publikationen tatsächlich von Wert, weil die öffentliche Kritik am besten und wirksamsten an die aktuellen Vorgänge anknüpft.

Dem Vorschlage, die Veröffentlichungen lediglich im Reichsanzeiger vorzunehmen und im übrigen den jeweiligen Status im Geschäftslokale sichtbar auszuhängen, sowie jedem, der darum ersucht, einen Abzug zu überlassen, ist beizutreten. Die Lokalpresse wäre dadurch vollauf in der Lage, sich das Material für Besprechungen zu verschaffen, wie überhaupt zu erwarten steht, daß die Zahlen Gemeingut der Kreise werden, die sich dafür interessieren. Dem Ewigblinden würden auch Inserate in allen Blättern des Lichtes Himmelsfackel nicht bringen, wohl aber wäre, abgesehen von den Kosten, bei Befolgung der Ströllschen Anregung eine betrübliche Zersplitterung zu besorgen.

Wenn in Betracht gezogen wird, daß bei dem Beginne der Kommissionsberatungen über das Depositenwesen bereits längere

Zeit hindurch die Publikation von Zwischenbilanzen, wenn auch nur von acht Berliner Großbanken, erfolgt war und die Erörterungen demnach an vorliegende Tatsachen anknüpfen konnten, so bleibt als einziger, von den Ansichten der Mehrheit der Mitglieder unterstützter neuer Vorschlag die von Roland-Lücke empfohlene Bildung eines Reichsbankbeirats übrig. Im ersten Teile ist schon gezeigt worden, welche Umstände dazu beigetragen haben, daß sich über die Grundlagen und Obliegenheiten der in Vorschlag gebrachten Körperschaft sehr verschiedenartige Anschauungen bildeten. Der Urheber selbst hat wohl auch seinen Gedanken zunächst nur in skizzenhaften Umrissen geben wollen. Deshalb wird billigerweise von vornherein außer Betracht bleiben müssen, daß Lückes ursprüngliche Ausführungen die Auffassung zuließen, das neue Gebilde solle nicht etwa nur im Anschlusse an die Reichsbank oder in Verbindung mit ihr wirken, sondern auch von anderen Behörden in Anspruch genommen werden können. Daraus erklärt sich auch die von mehreren Seiten ausgesprochene Befürchtung, daß der Beirat nur eine andere Form für das verworfene Aufsichtsamt sein solle. Aber trotz der engeren Begrenzung, die sich für den Wirkungskreis und den Daseinszweck des Beirats aus der Besprechung des Vorschlages ergab, läßt sich ein klares Bild noch nicht gewinnen. Schon hinsichtlich der Grundlage, auf der diese Kommission ins Leben treten soll, entstehen Zweifel. Sie soll auf keinem Gesetze, d. h. doch wohl auf keiner amtlichen Vorschrift beruhen. Aber dennoch soll ein Teil der Mitglieder aus Reichstagsmitgliedern bestehen, vermutlich doch in dieser ihrer Eigenschaft. Wer soll sie berufen? Der Bundesrat, oder der Reichskanzler, oder der Reichsbankpräsident? Soll sie der Reichstag selbst delegieren? Alle diese Möglichkeiten lassen sich schwer vorstellen ohne die Grundlage eines Gesetzes oder einer Allerhöchsten Verordnung, nicht bloß in Rücksicht auf die Struktur der Kommission, sondern mehr noch wegen der ihr zu überweisenden öffentlichen Aufgaben. Es ist nicht wohl denkbar, daß eine Körperschaft, der die Befugnis zustehen soll, von der Reichsbank (oder gar von den Börsenkommissaren) die Beantwortung von Fragen zu verlangen, welche sich auf deren amtliche Wirksamkeit beziehen („tust du, Reichsbank, deine Schuldigkeit?"), lediglich der privaten Einladung einer amtlichen Stelle — etwa des Reichsbankpräsidenten — ihr Dasein verdankte. Aber selbst wenn dieses nach manchen Richtungen hin bedenkliche Fragerecht dem Beirat nicht verliehen werden sollte, so käme doch in Betracht, daß bei der Erörterung von Kredit- und Bonitätsfragen, die zu den eigentlichen Aufgaben der Körperschaft gehören würden, Interna einzelner Firmen und Stellen zur Sprache kommen müßten, deren Preisgabe von seiten der Reichsbank gar nicht erfolgen dürfte, wenn die Wahrung des Amtsgeheimnisses nicht durch Amtsverschwiegenheit gewährleistet wäre. Noch manche andere Umstände lassen es ausgeschlossen erscheinen, daß der Kommission ein rein privater Charakter gegeben werden könnte. Würde sie aber auf Grundlage eines Gesetzes oder Erlasses gebildet, so stellten sich andere Bedenken ein, die zum Teil schon in der Enquetekommission berührt worden sind. Recht schwierig wäre beispielsweise die Regelung der Kompetenzfrage zwischen Beirat und Zentralausschuß, zumal bezüglich des letzteren seine Eigenschaft als Organ der Anteilseigner nicht ganz unberücksichtigt bleiben könnte, andrerseits aber dem Beirat nach dem Lückeschen Programme ein viel tieferes Eindringen in geschäftliche Angelegenheiten gestattet sein soll als dem Zentralausschusse. Auch der vorgesehene häufige Personenwechsel erregt Bedenken.

Diese mehr formalen Anstände würden indessen vielleicht beseitigt werden können. Fraglich bleibt aber, ob eine Möglichkeit besteht, den Beirat materiell in den Organismus der Reichsbank einzupassen.

Die Reichsbank regelt nicht nur den Geldumlauf, sondern sie macht auch Kreditgeschäfte, indem sie Wechsel diskontiert und Lombarddarlehne erteilt. Es werden ihr als Kreditgeberin Bilanzen vorgelegt, Aufschlüsse gegeben, Geschäftsgeheimnisse mitgeteilt, in dem Vertrauen darauf, daß eine Mitteilung an Dritte ausgeschlossen ist. Sie gewinnt Einblick in Verhältnisse und geschäftliche Vorgänge, nimmt Kenntnis von intimen Beziehungen, ohne daß die Beteiligten befürchten müßten, durch deren Bekanntgabe an einen größeren Kreis Schaden zu erleiden. Das Vorhandensein eines Beirats, der, ohne begrenzte Aufgaben, zu Erörterungen mit der Reichsbank befugt wäre, bei denen die erwähnten Verhältnisse und Beziehungen zur Sprache kommen könnten, würde eine gewaltige Veränderung in der Vertrauensstellung der Reichsbank gegenüber dem Handelsstande hervorrufen müssen. Die Folgen würden besonders im

Geschäftsbetriebe der Reichsbank selbst bemerkbar werden. Erschwerend käme hinzu, daß infolge des vorgesehenen häufigen Mitgliederwechsels gewisse Dinge einer großen Zahl von Personen zur Kenntnis kommen könnten. Davon, daß zwar die Mitglieder des Beirats ihre Wahrnehmungen über Vorgänge im Gebiete des Kreditwesens vorzutragen hätten, daß aber umgekehrt von seiten der Reichsbank weder ergänzende Mitteilungen noch überhaupt Bemerkungen, die sich auf selber angestellte Beobachtungen und die eigene Kenntnis stützten, gemacht werden sollten, könnte doch ernsthaft nicht die Rede sein.

Die Enquetekommission hat zwar die Lückesche Anregung nahezu einstimmig willkommen geheißen, aber es gibt doch zu denken, daß trotz aller erläuternden Erklärungen über die Aufgaben des Beirats noch ein beträchtlicher Rest auseinandergehender Meinungen übriggeblieben ist.

Angesichts des Scheinlebens, das eine ganze Anzahl von „Beiräten“ führt und geführt hat, die gewissen Verwaltungsbehörden an die Seite gestellt worden sind oder die, wie der selige Volkswirtschaftsrat, mit einem das ganze wirtschaftliche Leben umspannenden Programm beladen wurden, wird die Bedürfnisfrage jedenfalls genau geprüft werden müssen. Dazu fordert auch der Hinweis auf den Landeseisenbahnrat heraus, der von dem Mitgliede Schmidt ausging.

Als unbestritten wird gelten können, daß der Apparat, welcher der Reichsbank behufs Beobachtung der wirtschaftlichen Vorgänge innerhalb Deutschlands und behufs Austausches ihrer Wahrnehmungen in dem dichtmaschigen Netze von mehreren hundert Niederlassungen zur Verfügung steht, in bezug auf technische Leistungsfähigkeit von keiner anderen Institution übertroffen wird. Die Frage wäre nur, ob der Apparat so gestaltet ist, daß alle den Geldmarkt und die Kreditorganisation betreffenden Vorgänge zur Wahrnehmung der Reichsbankorgane kommen werden oder müssen. Soweit der Markt der Handelswechsel in Betracht kommt, ist diese Frage zu bejahen. Obwohl in gewöhnlichen Zeiten ein recht erheblicher Teil des deutschen Wechselumlaufs dem Portefeuille der Reichsbank fernbleibt, gewährt doch ohne Zweifel die in ihren Besitz gelangende Wechselmenge einen ausreichenden Einblick in die Bewegungen und den jeweiligen Charakter des Wechselverkehrs. Weniger zugänglich ist dagegen der Reichsbank der

Markt in den sog. „Prima-Bankakzepten", vornehmlich aus dem Grunde, weil diese Wechsel börsenmäßig gehandelt und mit Vorliebe von Banken, Versicherungsgesellschaften usw. als Mittel zur vorübergehenden Anlage flüssiger Gelder benutzt zu werden pflegen. Manche Wechsel dieser Art werden absichtlich dem Bereiche der Reichsbank ferngehalten und gelangen nicht einmal mit ganz kurzer Laufzeit in ihre Hände. Immerhin ist der Reichsbank noch ein zwar beschränkter, aber doch in normalen Zeiten ausreichender Einblick in diesen Verkehr möglich. Dagegen entzieht sich der ganze Komplex der wirtschaftlichen Vorgänge, die sich an das Emissionswesen, an den Verkehr in börsenmäßigen Wertpapieren, an die nicht in Wechseloperationen ihren Ausdruck findenden Beziehungen zwischen Industrie und Kreditbanken anknüpfen, so gut wie gänzlich der eigenen Wahrnehmung der Reichsbankorgane. Auch befindet sich, soweit bekannt, unter den Mitgliedern des Reichsbankdirektoriums keine Persönlichkeit, die auf diesen Gebieten spezielle Sachkenntnis und eigene Erfahrungen besitzt. Früher lagen die Dinge auch bezüglich des Marktes in ausländischen Wechseln ähnlich, durch das Aufnehmen einer aktiven Devisenpolitik hat sich dieses Verhältnis aber erfreulich verschoben. — Den Mangel eigenen Einblicks in wichtige wirtschaftliche Vorgänge ersetzt die Reichsbank durch Nutzbarmachung ihrer engen Beziehungen zu den Erwerbsständen. Es ist nicht zuviel gesagt, wenn behauptet wird, daß es lediglich von der Rührigkeit und Aufmerksamkeit ihrer Vertreter abhängt, ob sie über alle wichtigeren Vorgänge auf den ihrer direkten Beobachtung entzogenen Gebieten rechtzeitig und ausgiebig informiert wird. An Persönlichkeiten, die es sich zur Ehre schätzen, Vertrauensmann der Reichsbank zu sein, fehlt es schwerlich. Eine Ausnahme ist wohl nur hinsichtlich der sog. großen Finanzgeschäfte, sei es mit der Industrie, sei es auf internationalem Gebiete, anzunehmen, wenigstens während des Stadiums der Vorbereitungen. Ihrer ganzen Natur nach erfordern diese Geschäfte in der Mehrzahl zunächst strenge Geheimhaltung.

Es fragt sich nun, ob die Einfügung des Lückeschen Beirats in diese Organisation dazu führen würde, daß — wie es nach dem entworfenen Programm der Fall sein soll — die Reichsbank mehr wie jetzt von auffälligen Erscheinungen auf dem Geldmarkte, von Kreditüberspannungen und -mißbräuchen Kenntnis erhalten würde. Man wird kaum umhin können, das als wenig wahrscheinlich zu bezeichnen. Es soll nicht in Abrede gestellt werden, daß beispielsweise die Direktoren großer Banken oder die führenden Männer der Industrie in der Lage sind, eine Reihe wichtiger Wahrnehmungen zu machen, die der Reichsbank nicht oder nicht so schnell zur Verfügung stehen würden. Aber überaus zweifelhaft ist es, ob jene, wenn überhaupt eine vertrauliche Mitteilung an andere sich mit den Interessen der Beteiligten verträgt, geneigt sein werden, sie an die Reichsbank weiterzugeben, wenn die Erörterung des Gegenstandes in einem größeren Kreise im Hintergrunde steht. Was die einzelne Vertrauensperson der Reichsbank im Hinblicke auf das von dieser zu übende und geübte „Bankgeheimnis“ zur Kenntnis zu bringen keinen Anstand nimmt, wird sie recht häufig verschweigen, wenn die Kautelen für die Geheimhaltung fehlen. Die Erörterung bedenklicher Wahrnehmungen im Beirate ist aber ein wesentliches Stück des entworfenen Planes. Käme sie in Wegfall, so würde überhaupt kein Anlaß mehr bestehen, eine Versammlung zu berufen. Denn das Einschreiten gegen den wahrgenommenen Mißstand, die Exekutive, soll nach dem Lückeschen Programm lediglich der Reichsbank überlassen bleiben, die natürlich ebensowohl schon auf die vertrauliche Mitteilung einer Einzelperson hin die von ihr als zweckmäßig erachteten Schritte tun könnte.

Wenn auch die Art, in der dieses Einschreiten zu erfolgen hätte, ebenfalls dem Ermessen der Reichsbank überlassen bleiben soll, so lassen sich doch Fälle denken, in denen über die Frage, ob irgendwelche Schritte gegenüber bestimmten Vorgängen zu unternehmen seien, Meinungsverschiedenheiten zwischen dem Beirate und der Reichsbank entstehen. Natürlich bliebe letztere in ihren Entschließungen frei, indessen würden solche Fälle gerade einer unverantwortlichen Körperschaft gegenüber leicht unangenehme Folgen zeitigen können. Recht bedenklich bliebe aber, daß sich in den Erwerbskreisen die Vorstellung bilden könnte, die Reichsbank folge bei ihren Restriktionsmaßnahmen gegen bestimmte Banken usw. nicht mehr eigenen Erwägungen, sondern entspreche den Direktiven oder Ratschlägen des neuen Beirats. In der Kommission drückte Wachler das mit den Worten aus:

„Ich bin außerdem der Meinung gewesen, daß dieses sehr

ominöse und wenig erfreuliche Amt der Reichsbank dadurch erleichtert wird, daß sie einen Beirat hinter sich hat, der sie gewissermaßen zwingt.“ (S. 141.)

Die folgenden Worte des Redners lassen erkennen, daß er das Sachverhältnis nicht etwa falsch beurteilt, sondern daß ihm recht wohl bewußt ist, wie von einem tatsächlichen Zwange keine Rede sein kann. Man wisse aber, führt er aus, wie angenehm es sei, wenn man nicht immer selber der schwarze Mann sein soll, sondern sich auf ein Kollegium beziehen könne, das . . . Anregungen gegeben hat, die man nun einmal nicht unbeachtet lassen dürfe. In dieser Charakteristik tritt klar die Anschauung hervor, die sich im Publikum voraussichtlich über die Stellung des Beirats bilden würde. Es bedarf, nachdem dieser Punkt bereits berührt worden ist, nicht der weiteren Ausführung, welche Gefahren für das Verhältnis der Reichsbank zu den Erwerbsständen sich hieraus zu entwickeln vermöchten. Man würde unter Umständen auch in einer von ihr getroffenen Maßnahme die Folgen der Mitteilungen einer bestimmten Person sehen, würde nicht mehr an der gegenwärtig glücklicherweise unerschütterlich feststehenden Überzeugung festhalten, daß das Einschreiten der Reichsbank niemals auf persönliche, sondern stets auf sachliche Gründe zurückzuführen ist. — Dem Reichsbankpräsidenten selbst oder dem Direktorium würde übrigens schwerlich Freude aus der Polizeirolle erwachsen, die ihnen in dem Programme der Kommission zugedacht ist.

Bei näherer Betrachtung erweist sich auch, daß die Machtmittel, die der Reichsbank zur Beseitigung irritierender Momente in der Kreditorganisation zur Verfügung stehen, weder der Zahl noch der Wirksamkeit nach so unbeschränkt sind, wie es nach einigen Ausführungen in der Enquetekommission scheinen möchte. Zwischen den beiden Extremen der vertraulichen „Verwarnung“ — um Schinckels treffenden Ausdruck festzuhalten — und der Entziehung des Diskontkredits liegen nicht viele Nuancen, etwa nur die Einsicht in die Bücher, die Prüfung des Gesamtstandes und die Entziehung des Girokontos. Die Verwarnung kann, wie auf der Hand liegt, nur da in Betracht kommen, wo es sich offensichtlich nur um vereinzelte Mißbräuche, um eine Verletzung von Regeln der geschäftlichen Vorsicht oder der soliden Geschäftshandhabung handelt, die nicht als Zeichen der Erkrankung des Gesamtorganismus des in Frage kommenden Bankhauses anzusehen sind. Wird eine solche geargwöhnt, so wäre von der Verwarnung kein Nutzen zu erhoffen. Diese könnte eben, um im Bilde zu bleiben, nur bei lokalen Erkrankungen in Frage kommen, die sich aber wiederum der Wahrnehmung weiterer Kreise und damit auch meist der Ausschußmitglieder zu entziehen pflegen. — Die Einsicht in die Bücher setzt voraus, daß gegen die Zuverlässigkeit der beteiligten Personen und die Richtigkeit der Buchungen nicht das mindeste Bedenken obwaltet. Versieht man sich der geringsten „Schiebungen", so ist die Büchereinsicht zwecklos. Sie pflegt im übrigen der Eröffnung von Krediten vorauszugehen und in gewissen Zeiträumen wiederholt zu werden, so daß sie zu den Mitteln der Ausübung eines besonderen Einflusses nicht wohl zu zählen ist. — Die Prüfung des Gesamtstandes eines Geschäftshauses gehört zu denjenigen Maßnahmen, über die sich in der Öffentlichkeit vielfach ganz falsche Vorstellungen gebildet haben. Man meint in ihr ein leicht anwendbares und sicheres Feststellungsmittel erblicken zu dürfen. Dabei wird zunächst übersehen, daß diese Prüfung ohne Erregung eines gewissen Aufsehens so gut wie gar nicht möglich ist. Wenn schon die von Treuhandgesellschaften ausgeführten, den regulären Geschäftsgang betreffenden Prüfungen sich auch bei kleineren Firmen über mehrere Tage hinziehen, wobei die Revisoren der Regel nach durchgearbeitete Bücher, vollzogene Abschlüsse, verglichene Aufstellungen vorfinden, wieviel länger muß eine zur Feststellung von nicht einwandsfreier Geschäftsführung bei unvorbereitetem Material erfolgende Prüfung dauern. Daß die Schwierigkeiten der Feststellung mit dem Umfange der Geschäfte und der Wichtigkeit des Objekts proportional wachsen, ist Tatsache. Ebenso aber ist Tatsache, daß es bei zahlreichen Firmen gleichbedeutend mit der Vernichtung der Existenz wäre, wenn bekannt würde, daß die Reichsbank sich zu einer Prüfung ihrer Verhältnisse in dem hier in Betracht kommenden Sinne veranlaßt gesehen habe. Es braucht sich dabei keineswegs immer um Fälle zu handeln, wo der Zusammenbruch ohnehin erfolgt sein würde. Oft genug tritt im kaufmännischen Leben — auch ohne eigenes Verschulden der Beteiligten — eine vorübergehende Schwäche ein, die ohne störende äußere Einwirkungen wohl überwunden werden kann. Abgesehen hiervon, hat die Prüfung des Gesamtstandes noch eine andere bedenkliche Seite.

Der Fall ist denkbar, daß es dem Betroffenen dabei gelänge, die Reichsbank über den wahren Stand seiner Angelegenheiten zu täuschen. Leicht wird ihm das nicht gelingen, indessen läßt sich doch die Möglichkeit um so weniger abweisen, als mancherlei Umstände, beispielsweise der Wunsch, tunlichst wenig Aufsehen zu erregen, der Täuschungsabsicht zu Hilfe kommen können. Der Niederdeutschen Bank ist es bekanntlich gelungen, die als sehr klug und erfahren geltenden Leiter der Berliner Handelsgesellschaft zu überzeugen, daß ihre, der ersteren, Verhältnisse durchaus geordnet seien. Gelänge eine derartige Täuschung der Reichsbank gegenüber, so würde letztere vermutlich dem Beirate erklären, die in betreff der fraglichen Firma geäußerten Bedenken hätten sich als unbegründet erwiesen. Die weitere Folge wäre ein Nachlassen des gegen das Haus gehegten Mißtrauens. Wenn dieses schließlich dann doch zu Falle kommen sollte, so würde die Verantwortlichkeitsfrage unzweifelhaft aufgerollt werden. — Die Entziehung des Girokontos als Einzelmaßregel ist möglich, aber praktisch gleichbedeutend mit einem Abbruche der Kreditverbindung zwischen Reichsbank und Bankhaus; jedenfalls von recht ernsten Folgen für den Betroffenen begleitet. Sie wird daher, wie die Entziehung des Diskontkredits, nur da zur Anwendung gelangen, wo die Reichsbank die an Sicherheit grenzende Überzeugung hegt, der Beteiligte sei unhaltbar.

Aus alledem geht hervor, daß die landläufigen Vorstellungen von der korrigierenden Kraft der Reichsbank einer Berichtigung bedürfen.

Ganz überflüssig wäre der Beirat in den Fällen, an die Weber gedacht hat, wenn er von dessen Befragung und rechtzeitigen Ratserteilung bei Ausgabe neuer Reichs- und Staatsanleihen spricht (S. 115). Weder die zuständigen staatlichen Stellen, noch das übernehmende Konsortium werden irgendeines von dritter Seite herrührenden „sachverständigen“ Rats über Zeitpunkt oder Begebungsbedingungen bedürfen, sogar jede Einschiebung eines neuen Faktors energisch ablehnen. In Fällen dieser Art haben immer die harten Notwendigkeiten schließlich das entscheidende Wort gesprochen.

Wie immer man das Problem betrachtet, überall stößt man auf Bedenken gegen die neue Schöpfung. Wenn Mommsen den Beirat eine „dauernde Bankenquete“ nennt, und Kämpf sie lediglich als „begutachtende Kommission“ tolerieren will, so drückt sich darin im Grunde der Zweifel daran aus, daß die angestrebten Ziele auf dem vorgeschlagenen Wege zu erreichen sind. Wenn heute Reichsbank und Presse allein noch nicht imstande sein sollten, zu diesen Zielen zu gelangen, so würde es vermutlich nur erforderlich sein, die vorhandene Organisation etwas mehr auszugestalten, um auch ohne Hilfe eines Beirats auszukommen, dessen Obliegenheiten über die bloße Begutachtung hinausgehen.

Am Schlusse dieser Betrachtungen wird es nicht unzweckmäßig sein, die Frage aufzuwerfen, ob sich am praktischen Beispiel ein Anhalt dafür gewinnen ließe, wie die beiden positiven Maßnahmen, für welche die Enquetekommission eingetreten ist, im Lichte des Tages gewirkt haben würden, wenn sie bereits vor längerer Zeit zur Durchführung gelangt wären. Natürlich könnte es sich dabei nur um Vermutungen handeln, jedoch laden die beiden größten Bankbrüche der letzten Zeit, die Fälle von Haller, Söhle & Co. in Hamburg und der Niederdeutschen Bank in Dortmund, ein, den Versuch zu wagen.

Hinsichtlich der Publikation von Zwischenbilanzen käme nur die Dortmunder Firma, welche die Aktiengesellschaftsform hat, in Betracht. Auf Privatbankiers wollte die Kommission, wie erinnerlich, die Veröffentlichungspflicht nicht ausdehnen. — Die Bilanz der Niederdeutschen Bank vom 31. Dezember 1909 würde, in dem Schema der acht Berliner Großbanken, folgende Ziffern aufgewiesen haben:

Aktiva.

Kasse, Sorten und Coupons	ℳ	2 298 217,87
Wechsel (und deutsche Schatzanweisungen)	„	4 634 978,43
Guthaben bei Banken und Bankiers	„	4 750 733,66
Reports und Lombards	„	14 206 692,97
Vorschüsse auf Waren	„	—
Eigene Wertpapiere	„	4 137 094,45
Konsortialbeteiligungen	„	—
Dauernde Beteiligungen bei Banken	„	—
Debitoren	„	20 499 406,27

Passiva.

Aktienkapital	ℳ	12 000 000,—
Reserven	„	614 762,92
Kreditoren in laufender Rechnung	„	23 718 630,98
Depositengelder	„	8 819 793,—
Akzepte und Schecks	„	8 367 660,92

Diese Ziffern würden ohne Zweifel in den Zwischenausweisen sich in der Hauptsache wiederholt haben. Auffallen hätte höchstens der bedeutende Betrag für Reports und Lombards und das Fehlen von Konsortialbeteiligungen erregen können, abgesehen von der Schwäche der Reserven. Aber aus dem Gesichtspunkte der Flüssigkeit und Sicherheit der Depositen wäre schwerlich Anlaß zu Bedenken gewesen. Demgegenüber ist daran zu erinnern, daß sich bei dem Zusammenbruche die Verhältnisse als unglaublich verwickelt erwiesen haben, daß das Aktienkapital gänzlich verloren ist, auf die Forderungen vielleicht 40% entfallen werden und daß die Not der kleinen Einleger zu einer Hilfsaktion der Großbanken Veranlassung gegeben hat. Und dabei steht nicht einmal fest, daß strafrechtlich zu ahndende Bilanzfälschungen stattgefunden haben, wenngleich wenigstens Bilanzverschleierung sehr wahrscheinlich vorliegt. Jedes weitere Wort, um darzutun, wie wenig sich aus den Bilanzen allein der wahre Stand einer Bank erkennen läßt, ist überflüssig.

In betreff der zweiten Frage sei zunächst an folgende tatsächlichen Verhältnisse erinnert.

Die Niederdeutsche Bank war aus der Westfälischen Bankkommandite Ohm, Hernekamp & Co. entstanden; sie besaß ursprünglich ein Kapital von 1,10 Mill. Mark, das bis 1905 auf 3 Mill. erhöht wurde. Es erfuhr dann in mehreren rasch hintereinanderfolgenden weiteren Emissionen neuer Aktien bis 1909 eine Erhöhung auf 12 Mill. Mark. Seit 1908 wurden die Aktien an der Berliner Börse notiert; ihre Einführung erfolgte durch die Berliner Handelsgesellschaft. Trotzdem verlautete, daß die Aktien einen schwierigen Markt hätten, ohne daß indessen diese Gerüchte den Börsenkurs merkbar beeinflußten. — Die Bank entwickelte eine lebhafte Tätigkeit in der Gründung von Niederlassungen, indem sie teils vorhandene Bankunternehmungen erwarb, teils neue Filialen und Depositenkassen errichtete. Bei ihrem Zusammenbruche besaß sie 28 Zweiganstalten. Zwei Zwecken dienten diese Niederlassungen vornehmlich; zunächst dem offenen: Heranziehung von Depositengeldern; dann dem nicht ausgesprochenen: Unterbringung von Wertpapieren. Die Bank inserierte viel und fiel dadurch auf, daß sie hohe Zinsen für Einlagen bot (z. B. 4% auf täglich rückzahlbares Geld, während andere Banken etwa 2% vergüteten). Sie betrieb in erster Linie den Handel in Bergwerkspapieren (Kuxen), gründete aber auch eine Reihe industrieller Gesellschaften oder beteiligte sich bei ihnen. Gerade diese industriellen „Beziehungen" erregten aber vielfach Bedenken, da es sich meist um an sich schwer zu beurteilende, aber auch wegen der räumlichen Entfernung vom Sitze der Bank der Kontrolle Schwierigkeiten bietende kleinere Unternehmungen handelte.

In den Bankkreisen wurde der Niederdeutschen Bank immer ein gewisses Mißtrauen entgegengebracht. Sie galt für undurchsichtig und viel zu unternehmungslustig. Bedenken knüpften sich auch daran, daß sie Bankgeschäfte in Städten erwarb, die ihrem eigentlichen Geschäftsgebiete fernlagen und ihrer ganzen Bedeutung nach den Zweck des Erwerbes dunkel erscheinen ließen (z. B. in Bremerhaven). Die Akzepte der Bank wurden nicht gern genommen. Sie verteilte aber in den letzten Jahren regelmäßig 7% Dividende.

Nach dem Zusammenbruche ergab sich, wie bereits erwähnt, ein ungeheures Durcheinander in den Angelegenheiten der Bank. In wochenlanger Arbeit gelang es einer bewährten Treuhandgesellschaft nicht, volle Klarheit zu schaffen. Die Bank hatte, wie die Zeitungen berichteten, Schiebungen aller Art vorgenommen, Bürgschaften hin und her übernommen, ein unentwirrbares Schachtelsystem mit und bei ihren Gründungen verfolgt. Als größter Gläubiger wird die Berliner Handelsgesellschaft genannt, die der Niederdeutschen Bank einen Diskontkredit von angeblich zehn Millionen Mark, daneben auch noch einen offenen Kredit eingeräumt hatte. Um den kleinen Einlegern zu Hilfe zu kommen, bildete sich, wie erwähnt, unter Führung der Reichsbank ein Konsortium von Großbanken, denen später der Reichskanzler für die bewiesene Opferwilligkeit seinen Dank aussprechen ließ. Die Reichsbankverwaltung erklärte bezüglich ihrer Beziehungen zur Niederdeutschen Bank, daß sie im Verkehr mit dieser stets große Vorsicht geübt habe, so daß sie Verluste aus der Geschäftsverbindung voraussichtlich nicht erleiden werde. Im Zentralausschusse hatte Präsident Havenstein nach Meldungen der Presse noch erläuternd bemerkt, wenn der Reichsbank Vorwürfe gemacht worden seien, daß sie nicht genug Vorsicht angewandt und daß sie nicht der Niederdeutschen Bank den Kredit entzogen habe, so beruhe das auf vollkommen falscher Voraussetzung. Die Reichsbank sei der in Konkurs geratenen Bank gegenüber von jeher besonders vorsichtig gewesen; sie habe ihre Anstalten auch entsprechend instruiert, habe aber Kreditentziehungen vermeiden müssen, um nicht vorzeitig Mißtrauen hervorzurufen.

Das Hamburger Bankhaus Haller, Söhle & Co. bestand seit 1779. Sein Ansehen ließ nichts zu wünschen übrig, und es genoß bis in die letzten Jahre vor dem 1907 erfolgenden Zusammenbruche reichlichen Kredit. Man wußte, daß seine Akzeptverbindlichkeiten bedeutend waren, fand aber keinen Anlaß zur Beunruhigung, so daß die Akzepte sowohl in Hamburg wie außerhalb ohne Bedenken als Prima-Bankpapier genommen wurden. — Nach Eröffnung des Konkurses, Anfang 1908, ergab sich, daß etwa 15 Mill. M Akzepte umliefen und mehr als 14 Mill. M in industriellen Werken investiert waren. Bei einem einzigen Werke betrug das Gesamtinteresse der Bankfirma über 10 Mill. M. Die Gläubiger haben auf ihre Forderungen 10½% erhalten; es befanden sich darunter eine ausländische Regierung und eine ausländische Zentralbank. Kleine Depositengläubiger waren nicht vorhanden, dagegen befanden sich die Akzepte in dem Besitze von nahezu allen Hamburger Banken und verschiedener Berliner Großbanken und Wechselmakler.

Dieses sind die Bilder zweier ganz verschiedener Bankbrüche. Hier eine treibhausartig entwickelte Aktiengesellschaft, dort ein altes Patrizierhaus, hier Publizitätspflicht, dort völliger Ausschluß öffentlicher Klarlegung, hier ein wüster Gründungsbetrieb mit Depositenfang, dort ruhiges, ziemlich einseitiges Geschäft ohne merkbare Absicht, Depositengelder heranzuziehen.

Es wird nun gefragt, welchen Einfluß es gehabt hätte, wenn der in der Bankenquetekommission vorgeschlagene Beirat schon längere Zeit vor dem Eintritte der Katastrophen seine Funktion als getreuer Eckart des Geldmarktes auszuüben in der Lage gewesen wäre.

Die Antwort ist nicht schwer. Im Falle der Niederdeutschen Bank hat, wie wir gesehen haben, die Reichsbank schon seit

Jahren Mißtrauen gehegt. Auch die übrige Bankwelt hat der Niederdeutschen Bank im allgemeinen nicht getraut. Aber es können unmöglich bestimmte Anhaltspunkte dafür vorgelegen haben, daß die Verhältnisse so ungünstig waren, wie es sich später erwies; am allerwenigsten kann der Argwohn bestanden haben, daß die Zahlungsfähigkeit fraglich sei. Beweis dafür ist die Tatsache, daß eine Großbank von dem Range und der geschäftlichen Klugheit und Erfahrung der Berliner Handelsgesellschaft die Einführung der Aktien an der Berliner Börse und damit die schwerwiegende Haftung als Emittentin übernahm; fernerer Beweis ist, daß die Berliner Zulassungsstelle, in der nahezu die ganze haute banque vertreten ist, die Zulassung der Aktien genehmigt hat. Der tatsächliche Niederschlag der umlaufenden Gerüchte kann sonach nicht entfernt ausgereicht haben, um Befürchtungen wegen eines Zusammenbruchs zu rechtfertigen.

Ein vertraulicher Hinweis auf die Niederdeutsche Bank, der von Beiratsmitgliedern ausgegangen wäre, hätte der Reichsbank damals nichts Neues sagen können. Sie hegte selber schon seit Jahren Bedenken und hat es an sorgfältigen Beobachtungen sicher nicht fehlen lassen. Vielleicht hätte die Reichsbank einen solchen Hinweis durch vertrauliche Eröffnungen an den Beirat über ihre eigenen Wahrnehmungen beantwortet, obwohl sich auch Gründe für das Gegenteil denken ließen. Aber daß sie bei diesem Stande der Dinge sich ohne neue Tatsachen hätte bestimmen lassen, ihre Politik des vorsichtigen Abwartens mit aktiven Maßregeln gegen die Niederdeutsche Bank zu vertauschen, ist mehr als unwahrscheinlich. An Tatsachen hätte es aber dem Beirat, wie dargelegt, gefehlt. An anderer Stelle sind die Gründe auseinandergesetzt, aus denen sich für die Reichsbank in derartigen Fällen Zurückhaltung bis zu dem Augenblicke notwendig macht, wo sie die sichere Überzeugung gewinnt, daß ihr Einschreiten keine berechtigten Interessen mehr schädigen kann. Hinsichtlich des richtigen Erfassens dieses Zeitpunktes ist die Nachkritik selten unbefangen.

Es ergibt sich nach dem Vorstehenden, daß im Falle der Niederdeutschen Bank der Beirat, wenn er bestanden hätte, zu einer nützlichen Wirksamkeit kein Feld gefunden hätte.

Im Falle Haller, Söhle & Co. waren irgendwelche Wahrnehmungen, die auf so ungünstige Veränderungen in der Lage der Firma hätten schließen lassen, daß deren Kreditwürdigkeit in Frage gestellt werden mußte, weder der Reichsbank, noch den Hamburger oder auswärtigen Bankkreisen zur Kenntnis gekommen. Die Katastrophe trat überraschend ein. Es wäre deshalb auch hier nicht zu erwarten gewesen. daß bei Bestehen des Bankbeirats sich für diesen eine Möglichkeit zu nützlicher Betätigung durch rechtzeitige Warnung der Reichsbank oder zu einer Anregung bei dieser, die Verhältnisse näher zu prüfen, ergeben hätte. Die innere Verschlechterung war unmerklich vor sich gegangen.

Aus zwei Fällen lassen sich selbstverständlich allgemeine Folgerungen nicht ziehen. Aber es handelt sich hier immerhin um zwei Typen. Und es ist schwerlich unvorsichtig, wenn bezüglich derjenigen Gattungen von Bankbrüchen, deren Eigenart in diesen beiden Fällen zum Ausdrucke gelangt, als feststehend angesehen wird, daß ein Bankbeirat nach den Anregungen der Enquetekommission auf den Verlauf der Dinge ohne den mindesten Einfluß geblieben und außerstande gewesen wäre, irgendwelche allgemeine Interessen zu schützen.

Druck von C. Schulze & Co., G. m. b. H., Gräfenhainichen.

FSC
www.fsc.org
MIX
Papier | Fördert
gute Waldnutzung
FSC® C083411

Kolibri 360 GmbH
Ferdinand-Jühlke-Straße 7
99095 Erfurt, Deutschland
produktsicherheit@kolibri360.de